GESCHICHTEN VOM LEBEN

Ein Arbeitsbuch

Impressum

Bibliografische Information Der Deutschen Bibliothek
Die Deutsche Bibliothek verzeichnet diese Publikation in der Deutschen Nationalbibliografie; detaillierte bibliografische Daten sind im Internet über http://dnb.ddb.de abrufbar.

Bibliographic information published by the Deutsche Bibliothek
The Deutsche Bibliothek lists this publication in the Deutsche Bibliothek; detailed bibliographic data is available in the internet at http://dnb.ddb.de

Gabriele Steinbach
GESCHICHTEN VOM LEBEN
Ein Arbeitsbuch

© Esslingen: der hospiz verlag© Caro & Cie oHG, 2016

ISBN: 978-3-946527-04-6

Dieses Werk, einschließlich aller seiner Teile, ist durch das Urheberrecht geschützt. Jede Verwertung außerhalb der engen Grenzen des Urheberrechtes ist ohne schriftliche Zustimmung des Verlags zu Unterrichtszwecken, Übersetzungen sowie Einspeicherungen und Verarbeitung in elektronischen Systemen nicht zulässig.

Layout und Gestaltung: der hospiz verlag

Druck: www.printvit.pl

www.hospiz-verlag.de

Inhalt

Einleitung 7

Das Gänseblümchen
Vergleichen mit anderen, Stolz, Eitelkeit, Selbstvertrauen, zufrieden sein mit dem, was man ist 11

Das Gebet
Die Kraft eines Gebetes 15

Das Geheimnis von Zufriedenheit
Im Hier und Jetzt leben, Präsenz und Achtsamkeit 19

Das Lied des Lebens
Verbundenheit mit dem Leben 23

Der Samen
Wünsche und deren Erfüllung, jeder ist seines eigenen Glückes Schmied 27

Der entspannte Bogen
Spannung und Entspannung, Tun und Loslassen 31

Der Käfer und der Löwe
Individuelle Ziele, Erfolg ist relativ 35

Der König, der nicht sterben wollte
Festhalten am Leben, Loslassen 39

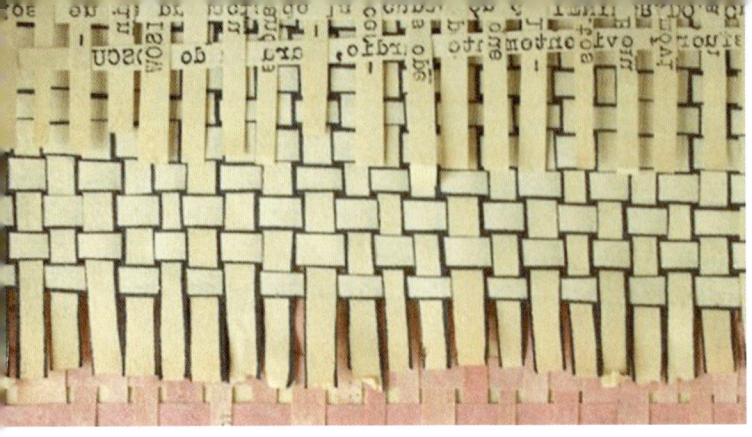 

Inhalt

Wertvoll
Innere und äußere Werte, Beständigkeit von Werten   43

Die Flöte
Authentizität, Echtheit, Spontanität   47

Die Insel
Unterschiede und Gemeinsamkeiten   51

Die kleine Schraube
Wie wichtig ist der Einzelne für die Gemeinschaft, auch wenn er noch so klein und unbedeutend scheinen mag?   55

Die richtige Frage
Die Wirkung von Worten   59

Die Schnur
Toleranz, Überzeugungskraft   63

Die Wäsche
Vorurteile, falsche Interpretationen, Wahrnehmung   67

Felsenfester Glaube
Wie stark ist mein Glaube?   71

Freundschaft
Freundschaft, Verzeihen   75

Glück
Achtsamkeit, Präsenz, Wahrnehmung   79

Gottvertrauen
Glaube und Eigen-
verantwortung 83

Nähe
Kommunikation, Streit 87

Ubuntu
Teilen, Empathie 91

Der Zettel
Die Wirkung von positiven
Worten, sich gegenseitig
unterstützen, an einen
Menschen glauben 95

Die Flut
Glaube, Eigenverantwortung 99

Die Frau am Fluss
Dogma, Pragmatismus,
Fanatismus 103

Die ungeborenen Zwillinge
Wahrnehmung im
Mutterleib 107

Zeit statt Geld
Wertvolle Zeit, wie verbringe
ich meine Zeit, warum und
mit wem? 111

Der Skorpion
Authentisch sein, nicht
gegen seine Natur handeln
können 115

Der Papagei
Sich befreien, Lösungs-
möglichkeiten 119

Die echte Blume
Erkennen, was echt ist 123

Die drei Söhne
Echte Beziehungen 127

Picasso
Wertschätzen von Talenten
und Arbeit 131

Zwiebeln
Habgier und Gerechtigkeit 135

Das Haus der Trauer
Selbstmitleid, Empathie 139

Abschluss
Danke 143
Über die Autorin/Links
Quellenangaben 144

Einleitung

Geschichten berühren, Geschichten verbinden, Geschichten inspirieren, regen zu einem Perspektivenwechsel an, stimulieren Phantasie und Kreativität und zeigen neue Handlungs- und Lösungsmöglichkeiten auf.

Sie werfen neue Fragen auf, verankern Grundwerte des menschlichen Zusammenseins, stärken unsere Wurzeln und unseren Glauben und sind potential- und ressourcenorientiert.

Geschichten können anregen, über eigene Erlebnisse zu erzählen, z. B.:

- Was hast du noch auf dem Herzen und möchtest es erzählen, damit du in Ruhe gehen kannst?
- Was hast du noch nie jemandem erzählt?
- Was bleibt, wenn du gehst?
- Was möchtest du hinterlassen?

Als Übung dazu eignet sich gut die **Landkarte des Lebens:**

Was sind die Stationen deines Lebens?
Möchtest du Bilanz ziehen oder etwas darüber erzählen?

Es kann auch eine Phantasielandschaft gemalt werden und die wichtigen Ereignisse können darin aufgezeichnet werden.

Einige Worte zum Gebrauch und zur Absicht dieses Buches

Ziel dieses Buches ist, Anregungen und Impulse für ein Gespräch anzubieten. Wichtig ist dabei, dass Sie, liebe Leserinnen und Leser, selbst entscheiden, wie sie die Geschichten anwenden. Manchmal ist es gut, mit einer Geschichte zu beginnen und nach ein paar Sätzen innezuhalten und eine Frage oder Reflektionen aufzuwerfen.

Bei manchen Themen ist es besser, sie indirekt anzusprechen. Dafür eignen sich die Geschichten sehr gut. Wenn ein Thema in einer Gruppe oder einem Einzelnen stark lebt, wird man sehr wahrscheinlich mit jeder Geschichte über kurz oder lang bei diesem Thema landen. Seien Sie offen und aufmerksam für die Stimmung der Menschen und achten Sie darauf, wo sich das Gespräch hinbewegt. Das Unausgesprochene ist oft sehr deutlich wahrnehmbar – übernehmen Sie als Gesprächsleiter/-in die Verantwortung, es vorsichtig anzusprechen.

Die Übungen sind dazu da, das Thema zu vertiefen. Es wird dadurch auch auf anderen Ebenen – z.B. der visuellen oder der haptischen Ebene – erfahren und kann somit neue Impulse setzen.

Die Menschen lernen sich durch die Spiele und Übungen neu kennen und es entstehen neue Referenzen und Interaktionsmöglichkeiten. Perspektiven- und Rollenwechsel ist ein wichtiges Anliegen der praktischen Übungen.

Die Spiele können die Kooperation oder den Wettkampf untereinander befördern. Entscheiden Sie selbst, was im aktuellen Moment angebracht ist.

Störungen haben immer Vorrang!!!

Einleitung

Besprechen Sie am Anfang immer das aktuelle Tagesgeschehen und beginnen Sie mit Ihrem Vorhaben erst, wenn die Gruppe wirklich bereit ist!

Als Gesprächsleiter/-in entscheiden Sie selbst, wie Sie vorgehen möchten. Die offenen Fragen sind als Anregung für weitere Fragen gedacht! Die Übungen können frei eingesetzt werden – manchmal ist ein Thema in einer Gruppe unterschwellig aktiv und eine völlig andere Übung als zunächst geplant ist genau die richtige in dem Moment.

Ändern Sie die Spielregeln – passen Sie die Übungen der jeweiligen Gruppe an – überlegen Sie sich gemeinsam neue Regeln! Spaß, Freude und miteinander agieren stehen an erster Stelle – es gibt kein Ergebnis, das erzielt werden muss !!!

Wie ich Dir begegnen möchte

Ich möchte dich lieben, ohne dich einzuengen.

Ich möchte dich wertschätzen, ohne dich zu bewerten.

Ich möchte dich ernst nehmen, ohne dich auf etwas festzulegen.

Ich möchte zu dir kommen, ohne mich dir aufzudrängen.

Ich möchte dich einladen, ohne Forderungen an dich zu stellen.

Ich möchte dir etwas schenken, ohne Erwartungen daran zu knüpfen.

Ich möchte von dir Abschied nehmen, ohne Wesentliches versäumt zu haben.

Ich möchte dir meine Gefühle mitteilen, ohne dich für sie verantwortlich zu machen.

Ich möchte dich informieren, ohne dich zu belehren.

Ich möchte dir helfen, ohne dich zu beleidigen.

Ich möchte mich um dich kümmern, ohne dich ändern zu wollen.

Ich möchte mich an dir freuen – so wie du bist.

Wenn ich von dir das Gleiche bekommen kann, dann können wir uns wirklich begegnen und uns gegenseitig bereichern.

Virginia Satir

Das Gänseblümchen

Vergleichen mit anderen, Stolz, Eitelkeit, Selbstvertrauen, zufrieden sein mit dem, was man ist

Das Gänseblümchen

Vergleichen mit anderen, Stolz, Eitelkeit, Selbstvertrauen, zufrieden sein mit dem, was man ist

In einem prächtigen Garten vertrockneten mitten im Frühling die Blätter, an den Büschen welkten die Blüten, noch bevor sie richtig zu blühen begannen, und die Blumen lagen geknickt auf der Erde.

Fassungslos befragte der Gärtner die Eiche und sie antwortete ihm, sie wolle nicht mehr leben, weil sie keine Trauben tragen könne. Als er zum Weinstock ging, schüttelte der traurig seine kahlen Äste und flüsterte, er müsse sterben, weil er nicht so groß wie eine Zypresse werden könne. Und die Zypresse lag in den letzten Zügen, weil sie nicht blühen und duften konnte wie eine Rose. Die Rose hingegen wollte nicht länger leben, weil die Schönheit ihrer Blüte nur so kurz anhielt. Schließlich sah der Gärtner eine kleine Pflanze mitten auf der Wiese, die sich im Wind wiegte und blühte und so frisch wie immer wirkte. „Wie kommt es, dass du als Einzige blühst?", fragte er das Gänseblümchen.

„Ich sehe und höre, worüber Rose und Weinstock, Eiche oder Zypresse klagen, und doch begreife ich sie nicht. Da ich ohnehin nichts anderes sein kann als das, was ich bin, genieße ich es voll und ganz, ein Gänseblümchen zu sein."

Offene Fragen:

Wie findest du die Antwort des Gänseblümchens?
Warum denken die anderen Pflanzen nicht genauso?
Welche Rolle spielt der Gärtner?
In welcher Pflanze würdest du dich wiederfinden?
Kennst du das Gefühl, nicht gut genug zu sein oder etwas anderes sein zu wollen? Was tust du dann?
Akzeptierst du andere Menschen, so wie sie sind?

Das Gänseblümchen 13

Teppich aus Naturmaterial

| Aus vier Holzlatten einen Rahmen bauen, mit Fäden oder Seilen bespannen und verschiedene Gräser, Blumen und andere Naturmaterialien einweben.

Blitz-Check

| Zwei Spieler schauen sich eine Minute lang genau an. Dann drehen sie sich Rücken an Rücken und beantworten die Fragen ihrer Mitspieler über das Aussehen des anderen.

Bei einer richtigen Antwort gibt es einen Punkt.

Fingerabdruck aus Papier

| Schaut euch zunächst euren eigenen Fingerabdruck und den von einigen anderen Mitspielern gut an.

Welche Muster erkennt ihr?

Dann könnt ihr aus Papierstreifen z. B. von Illustrierten selbst einen Fingerabdruck gestalten!

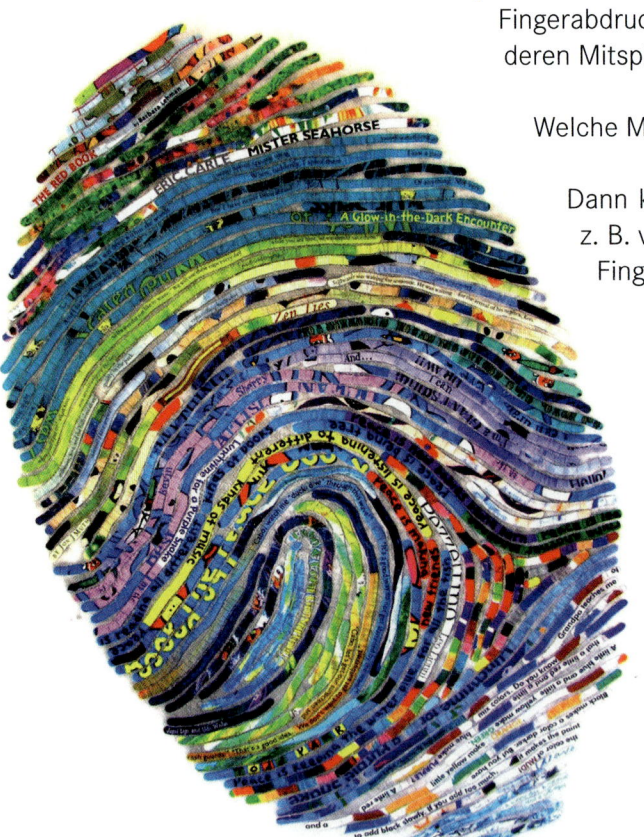

Das Gebet

Die Kraft eines Gebetes

Das Gebet
Die Kraft eines Gebetes

Ein Landarbeiter fragte einen buddhistischen Mönch, ob dieser für seine kranke Frau beten könne. Der Priester begann zu beten. Er bat Gott, all jene, die krank waren, zu heilen.

„Einen Moment", sagte der Landarbeiter. „Ich habe Euch gefragt, um für meine Frau zu beten, und Ihr betet für alle, die krank sind."

„Ich bete auch für sie."

„Ja, aber Ihr betet für alle. Am Ende noch helft Ihr meinem Nachbarn, auch er ist krank und ich mag ihn noch nicht einmal."

„Ihr versteht nichts von Heilung", sagte der Mönch und richtete seine Aufmerksamkeit auf den Landarbeiter.

„Indem ich für alle bete, verbinde ich mich mit all jenen Millionen, die für ihre Kranken beten. Getrennt verlieren sie ihre Stärke und gehen nirgendwohin. Zusammen werden unsere Stimmen Gott erreichen und kommen uns allen zugute."

Offene Fragen:

Gefällt dir diese Geschichte?

Wie findest du die Forderung des Mannes?

Hat der Mönch deiner Ansicht nach richtig gehandelt?

Was würdest du tun?

Hast du auch schon einmal erlebt, dass du ausgegrenzt wurdest?

Wie hat sich das angefühlt?

Was hast du dann getan?

Gemeinsam sind wir stark – gilt das für alle Situationen im Leben?

Skulptur aus Luftballons

| Verschieden große Luftballons werden zu einer Skulptur zusammengeklebt.

Die Ballons können auch farbig sein. Ein toller Effekt ist noch, in der Mitte eine Lichtquelle einzubauen und die Skulptur im Dunkeln zu beleuchten.

Bodyguard

| Die Gruppe steht im Kreis, einer ist eine VIP-Person, einer ist Bodyguard. Die Gruppe muss nun versuchen, VIP mit einem Softball abzuwerfen, der Bodyguard muss ihn schützen.

Material: Softball

Text weben

| Schneide aus alten Büchern oder Zeitungen Streifen von Texten aus und webe sie zu einer Fläche zusammen.

Wie wirkt das Gebilde auf dich?

Was fällt dir dazu ein?

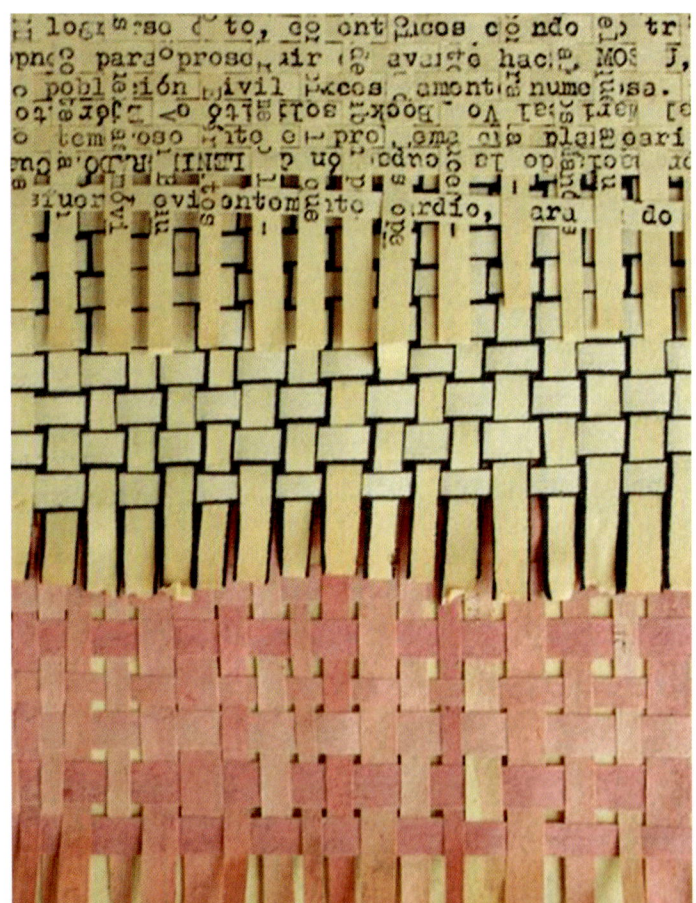

Das Geheimnis von Zufriedenheit

Im Hier und Jetzt leben, Präsenz und Achtsamkeit

Das Geheimnis von Zufriedenheit
Im Hier und Jetzt leben, Präsenz und Achtsamkeit

Einst kamen ein paar Suchende zu einem alten Zenmeister. „Herr", fragten sie, „was tust du, um glücklich und zufrieden zu sein? Wir wären auch gerne so glücklich wie du."

Der Alte antwortete mit mildem Lächeln: „Wenn ich liege, dann liege ich. Wenn ich aufstehe, dann stehe ich auf. Wenn ich gehe, dann gehe ich, und wenn ich esse, dann esse ich."

Die Fragenden schauten etwas betreten in die Runde. Einer platzte heraus: „Bitte, treibe keinen Spott mit uns. Was du sagst, tun wir auch. Wir schlafen, essen und gehen. Aber wir sind nicht glücklich. Was ist also dein Geheimnis?"

Es kam die gleiche Antwort: „Wenn ich liege, dann liege ich. Wenn ich aufstehe, dann stehe ich auf. Wenn ich gehe, dann gehe ich, und wenn ich esse, dann esse ich."

Die Unruhe und den Unmut der Suchenden spürend, fügte der Meister nach einer Weile hinzu: „Sicher liegt auch ihr und ihr geht auch und ihr esst. Aber während ihr liegt, denkt ihr schon ans Aufstehen. Während ihr aufsteht, überlegt ihr, wohin ihr geht, und während ihr geht, fragt ihr euch, was ihr essen werdet. So sind eure Gedanken ständig woanders und nicht da, wo ihr gerade seid. In dem Schnittpunkt zwischen Vergangenheit und Zukunft findet das eigentliche Leben statt. Lasst euch auf diesen Augenblick ganz ein und ihr habt die Chance, wirklich glücklich und zufrieden zu sein."

Offene Fragen:

Beschreibt die Geschichte eine Situation, die du auch gut kennst?

Warum versuchen wir, so viele Dinge gleichzeitig zu machen?

Geht das nur dir so oder beobachtest du es auch bei anderen?

Woran merkst du, dass es besser wäre, etwas daran zu ändern?

Was geschieht, wenn wir uns in Ruhe und Aufmerksamkeit einer Sache widmen?

Wie können wir Glück und Zufriedenheit mehr in unserem Alltag verankern?

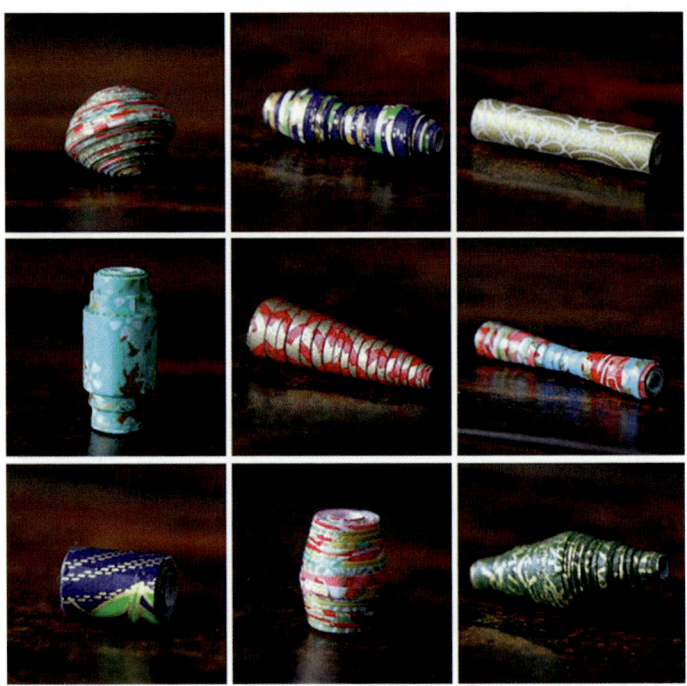

Papierschmuck

| Farbiges Papier, z. B. aus einer Illustrierten, in Streifen schneiden und aufrollen. Mit Klarlack glasieren und an einem schönen Faden aufhängen, evtl. mit Perlen ergänzen.

Wetter-Massage

| Zu zweit zusammen, ein Teilnehmer erzählt eine Wettervorhersage, der Partner bekommt dazu eine Rückenmassage, z. B. einzelne Regentropfen mit den Fingern, Regenschauer mit ausstreichender Hand, Blitz und Donner mit leichter Faust klopfen etc.

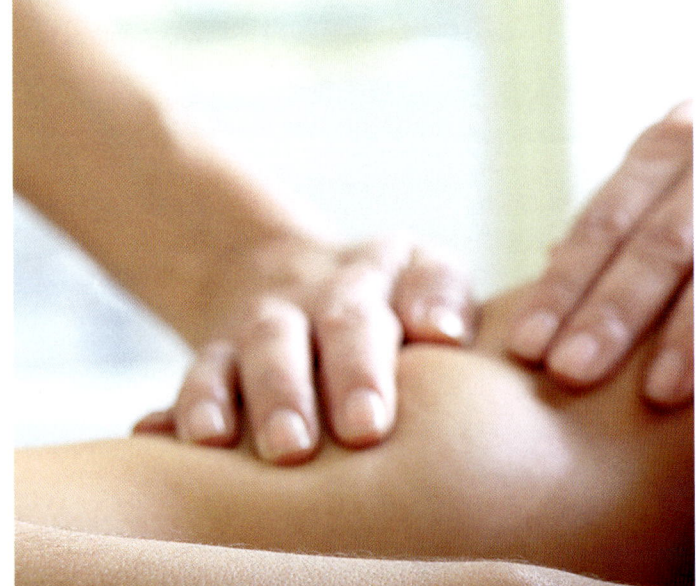

Das Lied des Lebens

Verbundenheit mit dem Leben

Das Lied des Lebens
Verbundenheit mit dem Leben

Es gibt einen Stamm in Ost-Afrika, in dem die Kunst der wahren Intimität schon vor der Geburt gepflegt wird. In diesem Stamm wird das Geburtsdatum des Kindes nicht von der Geburt an gerechnet, auch nicht vom Tag der Empfängnis wie in anderen Kulturen.

In diesem Stamm zählt das Geburtsdatum von dem Tag an, an dem der Gedanke an ein Kind zum ersten Mal in der Mutter erscheint. Wenn sie sich darüber bewusst ist, ein Kind mit einem bestimmten Mann zeugen zu wollen, geht sie allein in den Wald und setzt sich unter einen Baum. Dort sitzt sie nun und hört auf die Stille, bis sie das Lied des Kindes hören kann, welches sie hoffentlich bekommen wird. Sobald sie dies gehört hat, begibt sie sich zurück in das Dorf und lehrt ihrem Mann dieses Lied, damit sie es beim Liebemachen zusammen singen können. Dadurch laden sie das Kind ein, sich mit ihnen zu verbinden. Nachdem das Kind empfangen wurde, singt sie es ihm vor. Danach lehrt sie es den alten Frauen und Hebammen des Dorfes, damit das Kind während des Geburtsprozesses und während des wunderbaren Moments der Geburt mit diesem Lied begrüßt wird. Nach der Geburt lernen auch alle anderen Dorfbewohner noch das Lied ihres neuen Mitglieds und singen es ihm vor, wenn es gefallen ist oder sich verletzt hat. Es wird auch gesungen zu Zeiten des Triumphes, in Ritualen oder bei Initiationen. Das Lied wird Teil der Hochzeitszeremonie, wenn das Kind aufgewachsen ist. Und am Ende des Lebens, wenn sich seine oder ihre geliebten Verwandten und Freunde um das Totenbett versammeln, wird dieses Lied zum letzten Mal gesungen.

Offene Fragen:

Könnte diese Geschichte auch aus unserem Land stammen?

Warum ja, warum nein?

Singst du gerne? Wurde dir als Kind vorgesungen? Hast du deinen Kindern selbst vorgesungen?

Was haben Lieder und Musik bei uns für einen Stellenwert?

Was bewirken Lieder und gemeinsames Singen?

Kanon „Tumbai Tumbai"

| Dies ist ein einfacher Kanon, den auch ungeübte Sänger schnell und gut erlernen können!
Es findet sich sicher ein musikalischer Mensch in eurer Gruppe, der als Chorleiter fungiert!
www.waldorfschullieder.de

Kreisel

| Bierdeckel unterschiedlich bemalen. In der Mitte ein Loch bohren und Holzstab hindurchstecken, kreisen lassen.

Jongliertücher aus Seide

| Alleine mit zwei Tüchern zur Musik bewegen.
| Mit drei Tüchern bewegen.
| Zu zweit mit zwei oder drei Tüchern bewegen.
| Im Gehen mit zwei Tüchern bewegen.
| Die ganze Gruppe bewegt sich mit allen Tüchern, jeder hilft jedem.

Der Samen

Wünsche und deren Erfüllung,
jeder ist seines eigenen Glückes Schmied

Der Samen

Wünsche und deren Erfüllung,
jeder ist seines eigenen Glückes Schmied

Ein junger Mann kam in einen kleinen Laden. Auf einem Tisch sah er allerlei Körner. Zu seiner Überraschung stand hinter dem Tresen ein Engel.

„Was verkaufst du hier eigentlich?", fragte der Mann.

Der Engel lächelte.
„Ich bin ein Engel, ich verkaufe alles, was du möchtest. Du brauchst es nur zu sagen!"

Der junge Mann starrte den Engel verblüfft an und sagte dann schnell: „Ich möchte eine gute Arbeit, viel Geld, ein schönes Haus, ich möchte, dass jeder mich mag, Klavierspielen können und auch noch …"

„Halt, warte einmal, nicht so schnell", unterbrach der Engel ihn und zeigte auf den Tisch.

„Ich verkaufe keine Früchte, ich verkaufe nur die Samen!"

Offene Fragen:

Wie ist deine erste Reaktion auf diese Geschichte?

*Hat der Engel sein Versprechen gehalten?
Verkauft er wirklich alles?*

Was würde geschehen, wenn alle unsere Wünsche erfüllt werden würden?

Was kann jeder selbst dafür tun, damit seine Wünsche erfüllt werden?

Ist ein Mensch glücklich, wenn er sich einen Wunsch selbst erarbeitet oder erfüllt hat oder wenn andere Menschen seine Wünsche erfüllen?

Wunschlos glücklich – gibt es das ?

Pflanzen säen

| Sät in einen Pflanzentopf unterschiedliche Samen und beobachtet, was daraus hervorgeht.

Wunschbuch

| Jedes Gruppenmitglied kann seine Wünsche/Gedanken/Sorgen/Ängste/Bedürfnisse/Lob/Kritik anonym hineinschreiben. Mit Collagen, Druckschrift, Zeitungsausschnitten etc. gestalten, alles ist möglich.

Wöchentlich oder monatlich mit der Gruppe besprechen.

Material: A4-Heft, Papier, Zeitungen, Stifte, Kleber

Wortpaare

| Begriffe aus zusammengesetzten Hauptwörtern auf einen Zettel schreiben, auseinanderschneiden und vermischen. Dann zieht jeder Teilnehmner einen Zettel und muss seine andere Hälfte suchen!

Beispiel: Laub – Frosch, Wasser – Flasche, Fuss – Ball …
Achtung: Überschneidungen sind möglich! z.B. Baum – Stamm/Hunde – Schule = Baum – Schule!

Material: Zettel, Stifte, Schere

Der entspannte Bogen

Spannung und Entspannung, Tun und Loslassen

Der entspannte Bogen
Spannung und Entspannung, Tun und Loslassen

Es heißt, dass der alte Apostel Johannes gern mit seinem zahmen Rebhuhn spielte. Eines Tages kam ein Jäger zu ihm. Verwundert sah er, dass ein so angesehener Mann wie Johannes einfach spielte. Konnte der Apostel seine Zeit nicht mit viel Wichtigerem als mit einem Rebhuhn verbringen?

Er frage Johannes: „Warum vertust du deine Zeit mit Spielen? Warum wendest du deine Aufmerksamkeit einem nutzlosen Tier zu?"

Verwundert blickte Johannes auf. Er konnte gar nicht verstehen, warum er nicht mit dem Rebhuhn spielen sollte, und sprach: „Weshalb ist der Bogen in deiner Hand nicht gespannt?"

Der Jäger antwortete: „Das darf nicht sein. Ein Bogen verliert seine Spannkraft, wenn er immer gespannt wäre. Er hätte dann, wenn ich einen Pfeil abschießen wollte, keine Kraft mehr. Und so würde ich natürlich das anvisierte Ziel nicht treffen können."

Johannes sagte daraufhin: „Siehst du, so wie du deinen Bogen immer wieder entspannst, so müssen wir alle uns immer wieder entspannen und erholen. Wenn ich mich nicht entspannen würde, indem ich z. B. einfach ein wenig mit diesem Tier spiele, dann hätte ich bald keine Kraft mehr, all das zu tun, was notwendig ist. Nur so kann ich meine Ziele erreichen und das tun, was wirklich wichtig ist."

Offene Fragen:

Wie findest du die Antwort von Johannes?

Wer entscheidet, was wichtig und was unwichtig ist?

Warum sind viele Menschen ständig in Aktion?

Wie kommt man in die Balance zwischen Spannung und Entspannung?

Was geschieht, wenn man entspannt ist?

Was ist die Folge davon?

Welche Mittel und Wege kennst du, um dich zu entspannen?

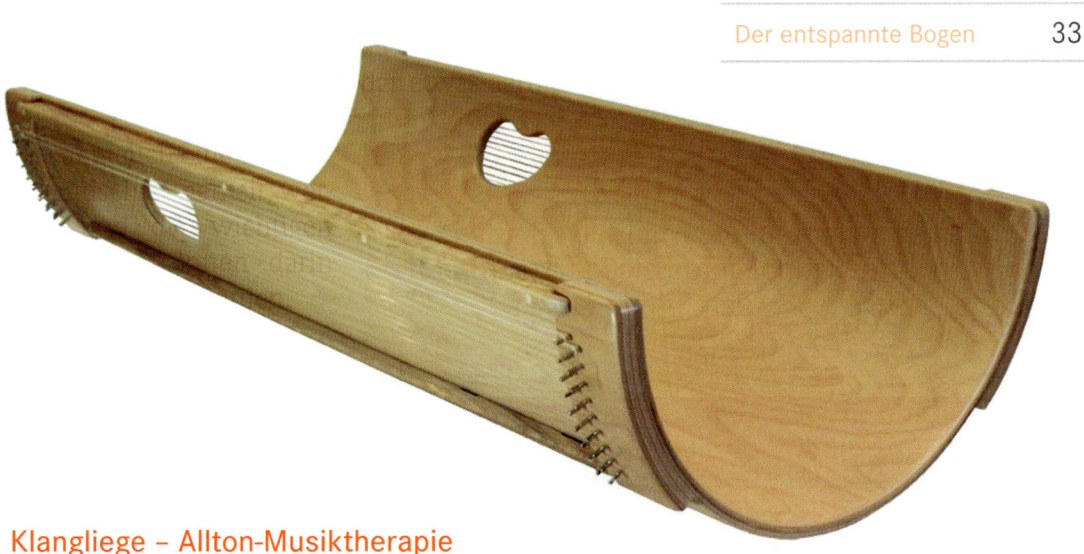

Klangliege – Allton-Musiktherapie

| Ein Partner legt sich in die Liege, der andere spielt.

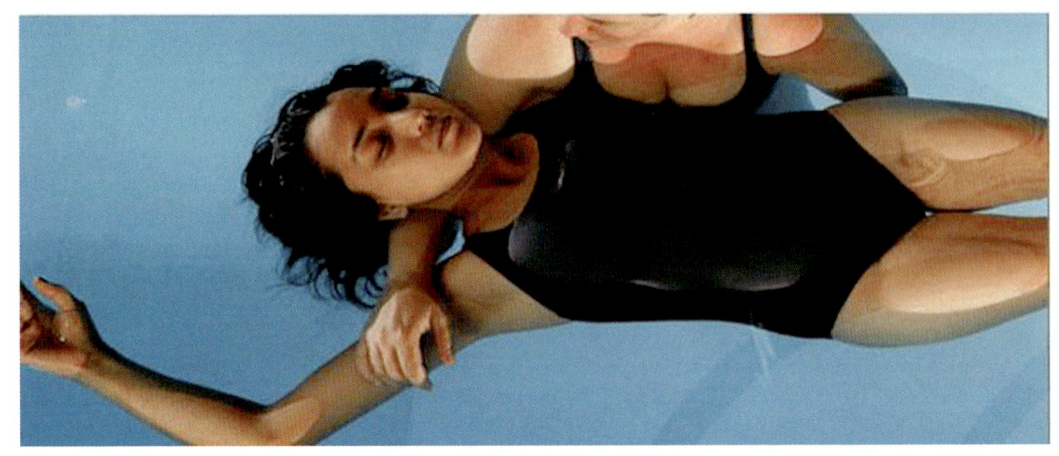

Aqua-Balancing

| In einem warmen Schwimmbad kann ein Teilnehmer den anderen in einer gesicherten Position langsam durch das Wasser gleiten lassen. Maximaler Entspannungseffekt, da der Partner nichts tun muss und völlig loslassen kann.

Mandalas

| Kopiervorlagen oder Bücher ausmalen oder Mandalas selbst entwerfen

Der Käfer und der Löwe

Individuelle Ziele, Erfolg ist relativ

Der Käfer und der Löwe
Individuelle Ziele, Erfolg ist relativ

Ein kleiner Käfer hatte endlich nach vielen missglückten Versuchen mit großer Mühe und Durchhaltevermögen die Spitze eines Grashalmes erreicht.

Nun genoss er dort oben auf der Spitze die Sonne!

Er breitete seine Flügel behaglich aus und spürte die Freude bis in den letzten Winkel seiner Käferseele. Da kam ein Esel vorbei.

„Du glaubst sicher, dass du auf der Spitze deines Grashalmes Bergluft einatmest?", sagte er höhnisch lachend.

In diesem Augenblick kam ein alter Löwe vorbei. Auch er blieb stehen und schaute wohlwollend zu dem kleinen Tierchen.

„Alles Gute, kleiner Käfer", sagte er. „Du hast das Ziel deines Strebens erreicht, nicht jedem Löwen gelingt das!"

Offene Fragen:

Wem ähnelst du am meisten: dem Käfer, dem Esel oder dem Löwen?

Wie findest du die Worte des Esels?

Hat der Löwe gut reagiert?

Kennst du solche Situationen auch in deinem Leben?

Wirst du von anderen eher zurückgehalten oder unterstützt?

Wie unterstützt und ermutigst du selbst andere Menschen?

Kann man individuelle Ziele miteinander vergleichen oder sind sie relativ?

Der Käfer und der Löwe

Tennisball-Balance

| Jeder Teilnehmer bekommt zwei Tennisbälle und versucht mit Hilfe eines Partners darauf zu stehen und die Balance zu halten.
Dann im Kreis mit der ganzen Gruppe gleichzeitig versuchen, jeder stützt jeden. Falls es am Anfang zu schwer ist, immer zuerst abwechseln im Kreis: je einer auf den Bällen und einer unterstützt, dann wechseln und schließlich alle gemeinsam auf den Bällen stehen.

Material: Je zwei Tennisbälle pro Mitspieler

Schale aus Wollfaden

| Faden wird in Kleister getaucht und um die Rückseite einer Schüssel gelegt. Nach dem Trocknen abnehmen und evtl. noch nach Wunsch verzieren.

Rudelsingen

| Der Text eines Liedes wird auf eine Wand projiziert, alle können mitsingen! Wenn möglich, gerne mit Live-Begleitung, z. B. Gitarre oder Klavier.

Der König, der nicht sterben wollte

Festhalten am Leben, Loslassen

Der König, der nicht sterben wollte
Festhalten am Leben, Loslassen

Es war einmal ein König, der im Sterben lag. Aber er wollte nicht sterben. Unter seiner Kleidung trug er an seiner Brust die Uhr, die er von seiner Mutter an ihrem Sterbebett erhalten hatte. Als sein Hofarzt sah, wie zärtlich er diese Uhr anschaute, bekam er Mitleid und sagte: „Wenn alle Blätter an den Bäumen Ihres Palastgartens abgefallen sind, ist Ihre Zeit gekommen."

Der König gab dem Palastgärtner den Auftrag, alle Bäume und Sträucher in seinem Garten umzuhauen und durch Bäume und Sträucher zu ersetzen, an denen kein Blatt war. Gerade als der Gärtner kurz vor Herbstanfang fertig war, sah der König den Tod durch den Garten näher kommen. Dieser sprach, als er in den Schlafgemächern des Königs angekommen war, mit tiefer Stimme: „Majestät, ich komme dich holen …" Aber der König zeigte nach draußen und antwortete: „Nein, denn es ist noch kein Blatt gefallen!" Da fragte ihn der Tod, warum er die Trauerweide am äußersten Ende des Gartens nicht hatte umhacken lassen. Mit tränenbedeckten Augen antwortete der König: „Das konnte ich nicht, sie steht doch auf dem Grab meiner Mutter." Der Tod nickte verständnisvoll und sagte: „Wenn morgen Abend die Glocken im Palast zehn Uhr schlagen, komme ich wieder. Dann hole ich dich." Und damit verließ er den König.

Der König gab seinen Dienern sofort den Befehl, alle Uhrwerke im Palast kaputt zu schlagen, was sie auch die ganze Nacht und den darauf folgenden Tag taten. Am Abend erschien der Tod wieder beim König im Schlaf-

Offene Fragen:

Die Geschichte ist sehr berührend – warum?

Viele Menschen versuchen, in der letzten Phase ihres Lebens mit Gott/dem Schicksal/dem Leben zu verhandeln – kennst du einen Menschen, bei dem es so war?

Lässt das Leben/Gott mit sich handeln?

Wie kann ich mich auf meine Todesstunde gut vorbereiten?

„Der Schlaf ist der kleine Tod." – Wie denkst du darüber?

---

zimmer, aber dieser schüttelte wieder heftig seinen Kopf, als der Tod ihn mitnehmen wollte, und sagte: „Es hat noch keine Glocke zehn Uhr geschlagen." Der Tod antwortete nicht, aber in dem Moment, in dem er mit den Schultern zuckte, erklang unter dem Nachthemd des Königs ein kleines Glöckchen. Erschrocken holte der König das Uhrwerk seiner Mutter hervor. „Warum hast du das nicht in Stücke schlagen lassen?", fragte der Tod. „Das konnte ich nicht", schluchzte der König, „sie gehörte meiner Mutter, sie gab sie mir auf dem Sterbebett."

Wiederum nickte der Tod voller Verständnis und sagte: „Du hast deine Mutter sehr geliebt, nicht wahr?" „Ja, sehr!", seufzte der König und hielt sich die Brust vor Rührung. „Möchtest du sie gerne wiedersehen?", fragte der Tod mit leiser Stimme. „Oh ja, das ist mein innigster Wunsch", rief der König. Da ging die Tür auf und seine Mutter kam herein. Weinend fielen sie sich in die Arme und der König rief verzweifelt: „Mutter, ich will nicht sterben!" Seine Mutter strich ihm mit ihren zerbrechlichen Händen durch das Haar und antwortete: „Das macht nichts, mein Junge. Du bist es schon …"

Jutenkreis

| Die Gruppe hält sich an den Händen im Kreis, und wird abwechselnd in Nr. 1 und 2 eingeteilt. Auf ein Zeichen hin lassen sich die 1er langsam nach vorne fallen, die 2er nach hinten. Die Füße bleiben fest am Boden. Danach Wechsel vor und zurück.

Origami-Schmetterlinge

| Schmetterling wie auf der Anleitung basteln, je nach Wunsch im Raum aufhängen, z. B. an Zweigen.

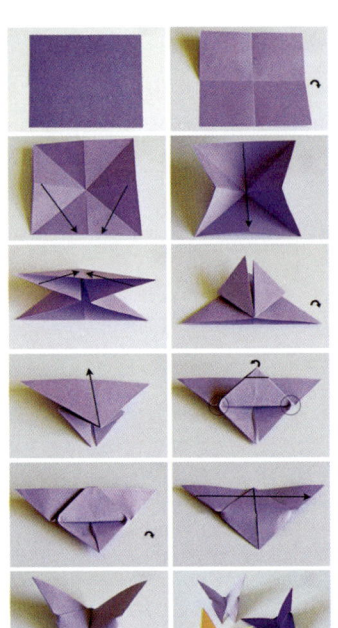

Klangreise

| Entspannungsreise mit verschiedenen Klängen und z. B. Wanderung am Meer oder in den Bergen erzählen.

Material: verschiedene Klangschalen und Rhythmusinstrumente

Wertvoll

Innere und äußere Werte,
Beständigkeit von Werten

Wertvoll

Innere und äußere Werte, Beständigkeit von Werten

Ein Dozent startete sein Seminar, indem er einen 50-Euro-Schein hoch hielt. In dem Raum saßen insgesamt 200 Leute. Er fragte: „Wer möchte diesen Geldschein haben?" Alle Hände gingen hoch. Er sagte: „Ich werde diesen 50-Euro-Schein einem von euch geben, aber zuerst lasst mich eins tun." Er zerknitterte den Geldschein. Dann fragte er: „Möchte ihn immer noch einer haben?" Die Hände waren immer noch alle oben. Also erwiderte er: „Was ist, wenn ich das tue?" Er warf ihn auf den Boden und rieb den Geldschein mit seinen Schuhen am dreckigen Untergrund. Er hob den Schein auf – er war zerknittert und völlig dreckig. „Nun, wer möchte ihn jetzt noch haben?" Es waren immer noch alle Arme in der Luft. Dann sagte er: „Liebe Freunde, wir haben soeben eine sehr wertvolle Lektion gelernt.

Was auch immer mit dem Geld geschah, ihr wolltet es haben, weil es nie an seinem Wert verloren hat. Es war immer noch und stets 50 Euro wert. In unserem Leben passiert es oft, dass wir abgestoßen, zu Boden geworfen, zerknittert und in den Dreck geschmissen werden. Das sind Tatsachen aus dem alltäglichen Leben. Dann fühlen wir uns, als ob wir wertlos wären. Aber egal was passiert ist oder was passieren wird, wir werden niemals an Wert verlieren.

Schmutzig oder sauber, zerknittert oder fein gebügelt, du bist immer noch unbezahlbar für all jene, die dich über alles lieben. Der Wert deines Lebens wird nicht durch das bewertet, was du tust oder wen du kennst, sondern dadurch WER DU BIST."

Offene Fragen:

Findest du die Geschichte gut?
Was macht den Wert des Geldes aus?
Was macht deinen Wert als Mensch aus?
Bist du allen Menschen gleich viel wert?
Zeigst du Menschen, dass sie dir wertvoll sind?
Warum sind sie für dich wertvoll?
Verändert sich das im Laufe eines Lebens?
Bleiben die Werte immer die gleichen oder verändern sie sich?

Ornamente aus Filz

| Aus Filzwolle unterschiedliche Kreise formen und mit Stickgarn individuell zusammennähen.

Material: Filzwolle, Wasser, Seife, Nähgarn, Nadeln

Skulptur aus Blättern

| Verschiedene Blätter trocknen und pressen, dann mit Klarlack oder Haarspray anmalen und zu einer Form zusammenkleben.

Material: Blätter, Kleber, Klarlack

Netzspiel

| Die ganze Gruppe läuft durch den Raum, jeder muss eine Gemeinsamkeit mit jedem Teilnehmer der Gruppe erfragen und herausfinden.

Zum Schluss im Kreis die Gemeinsamkeiten besprechen.

Die Flöte

Authentizität, Echtheit, Spontanität

Die Flöte
Authentizität, Echtheit, Spontanität

Es waren Feiertage und die Chassidim trafen sich zum Gebet. Ein Mann war mit seinem geistig behinderten Kind gekommen. Er war ein wenig besorgt darüber, dass der Junge etwas anstellen könnte, deshalb behielt er ihn ständig im Auge. Als die Gebete gesprochen wurden, fragte der Sohn seinen Vater:

„Ich habe eine Flöte dabei, darf ich darauf spielen?"

Der Vater antwortete: „Ganz bestimmt nicht. Wo ist die Flöte?", denn er fürchtete, der Junge würde vielleicht nicht auf ihn hören. Der Sohn zeigte ihm die Flöte und der Vater hielt mit seiner Hand die Tasche des Jungen zu.

Dann wurde getanzt und der Vater vergaß die Flöte und tanzte mit. Chassidische Juden tanzen gerne, sie sind fröhliche Menschen. Als jeder zu Gott betete und dabei tanzte, konnte der Junge nicht länger widerstehen. Er nahm seine Flöte aus der Tasche und blies darauf.

Alle waren total schockiert!

Aber der Rabbi lachte, umarmte den Jungen und sagte: „Unsere Gebete wurden erhört. Ohne die Flöte wäre alles umsonst gewesen. Das war das einzig Spontane und Echte hier. Alles andere war nur ein Ritual."

Offene Fragen:

Wie gefällt dir diese Geschichte?

Findest du es gut, wie der Vater reagiert hat?

Kannst du verstehen, warum der Junge auf einmal angefangen hat, die Flöte zu spielen?

Was hättest du an Stelle des Rabbi getan?

Kennst du Situationen, in denen du dich so benehmen musst, wie andere es wollen?

Was bedeutet es, authentisch zu sein?

Trommel

| Die Öffnung von leeren Dosen oder Blumentöpfen mit Papier überziehen, nach Wunsch schmücken.

Material: Dosen, Tontöpfe, Papier, evtl. Federn etc.

Sandspiel

| Mit Kinethik-Sand, diversen Spielfiguren und Naturmaterialien eine Szene aufstellen und spielen.

Material: Kinethik-Sand, Eisenbahn – oder Spielfiguren

Geschichte erfinden

| Auf Zettel werden Begriffe geschrieben wie Haus, Reise, Schaufel, Koffer, Rose, Deck, Glas, Kerze etc.
Zettel ziehen und Geschichte erfinden.

Kann einzeln, in der Gruppe, der Reihe nach nacheinander gespielt werden.

Die Insel

Unterschiede und Gemeinsamkeiten

Die Insel
Unterschiede und Gemeinsamkeiten

In einem großen Ozean, weit, weit weg, lagen viele Inseln. Sie waren sehr unterschiedlich: Eine Insel war sehr groß, auf ihr wuchsen viele bunte Blumen und Palmen, eine andere Insel war sehr klein und hatte einen langen weißen Strand. Eine weitere Insel war sehr schroff und rau mit Steinen und Geröll, eine andere war sehr öde und leer und bestand nur aus Steppe und Sand. Manche Inseln waren miteinander befreundet, tauschten sich aus, ließen Pflanzen und Tiere gedeihen und freuten sich über ihr schönes Leben. Andere Inseln waren zornig und neidisch, gönnten den anderen Inseln ihren Reichtum und ihre Schönheit nicht und waren sehr darauf bedacht, das wenige, das sie besaßen, für sich selbst zu behalten.

Und es gab unsere kleine Insel: fröhlich, neugierig und unbedarft, zu allen freundlich und immer noch im Wachstum. Ja, das wusstet ihr sicher noch nicht: Auch Inseln können wachsen!

Unsere kleine Insel sah schon lange, wie die anderen Inseln sich stritten oder prahlten und sich immer mehr voneinander abgrenzten. Das machte sie sehr traurig. Und weil sie so traurig war, beugte sie ihren Kopf und schaute hinunter ins Meer. Das hatte vor ihr noch nie jemand getan. Als sie eine Weile so geschaut hatte, bemerkte sie etwas Eigenartiges: Je weiter sie auf dem Meeresgrund entlang schaute, desto mehr sah sie, dass all die verschiedenen Inseln ja eigentlich miteinander verbunden waren. Sie hatten alle den gleichen Grund

> **Offene Fragen:**
> *Kennst du das Gefühl von Verbundenheit mit anderen?*
> *Wie entsteht dieses Gefühl?*
> *Warum grenzt man andere Menschen manchmal aus?*
> *Was ist die Stärke einer Gruppe oder Gemeinschaft?*
> *Sind wir wirklich im Grunde alle gleich?*

und Boden. Nur weil das Meer zwischen ihnen lag und darum nur ein kleiner Teil von ihnen an der Oberfläche sichtbar war, glaubten sie, dass sie voneinander getrennt waren. Aber in Wirklichkeit stimmte das ja gar nicht!

Die kleine Insel hob freudig ihren Kopf und wollte diese wunderbare Neuigkeit allen anderen Inseln mitteilen. Aber viele reagierten abweisend und sagten, dass das ja wohl nicht sein kann und die kleine Insel sei wohl verrückt geworden. Nur ein paar bescheidene und stille Inseln dachten darüber nach und plötzlich fing die eine oder andere Insel an, selbst auf den Grund zu schauen.

Und ja – die kleine Insel hatte recht! Sie waren tatsächlich in der Tiefe alle miteinander verbunden!

Von nun an erzählten alle Inseln, die den Blick in die Tiefe gewagt hatten und es selbst erlebt hatten, von der neuen Wahrheit. Sie begannen mehr und mehr, alles miteinander zu teilen und sich gegenseitig zu unterstützen. Denn nun wussten sie ja: Was sie für den einen tun, tun sie im Grunde zum Wohle aller.

Fingerabdruck-Bilder

| Mit einem Stempelkissen verschiedene Fingerabdrücke machen und ein Bild daraus malen, z. B. Blumen

Material: Stempelkissen, Stifte, Papier

VIP

| Wer kennt dich?
Jeder schreibt drei Wünsche, drei Wahrheiten und drei Wichtigkeiten von sich selbst auf einen Zettel und legt ihn verdeckt auf einen Tisch. Dann wird gemischt und gezogen und alle können raten, wer das ist.

Material: Zettel, Stifte

Die kleine Schraube

Wie wichtig ist der Einzelne für die Gemeinschaft, auch wenn er noch so klein und unbedeutend scheinen mag?

Die kleine Schraube

Wie wichtig ist der Einzelne für die Gemeinschaft,
auch wenn er noch so klein und unbedeutend scheinen mag?

Ein schwerbeladener, alter Dampfer kämpfte sich in einem starken Sturm über den Atlantik. Das eiserne Schiff stöhnte in allen Fugen, so dass die Mannschaft besorgt alle Lade- und Maschinenräume untersuchte.

Die Meldungen an den Kapitän klangen beruhigend, noch wurden nirgendwo Risse oder Wassereinbrüche festgestellt. Die Matrosen achteten nur auf das laute Ächzen und Knirschen des stählernen Schiffsrumpfs, sie hörten jedoch nicht die klagende Stimme einer kleinen Schraube: „Ich kann nicht mehr, ich kann einfach nicht mehr! Die Wellen schlagen mich zusammen, es geht über meine Kräfte! Lange kann ich die beiden Stahlplatten nicht mehr zusammenhalten. Wenn das so weitergeht, platze ich bald!"

Als das die anderen Schrauben hörten, brachen sie in Panik aus: „Um Gottes willen, bleibe tapfer! Wenn du versagst, halten auch wir den Druck nicht mehr aus. Dann wird die Spannung für uns zu groß und wir werden alle durch die Wucht der Wellen herausgesprengt!"

Die Schreckensnachricht von der verzweifelten Todesangst der kleinen Schraube verbreitete sich blitzschnell über das ganze Schiff. Die Platten, Stahlböden, Rippen hörten alle davon und erstarrten vor Schrecken und Angst. Da ging ein Raunen und Flüstern durch den riesigen Schiffskörper, und alle beschlossen, eine gemeinsame Botschaft an die kleine Schraube zu senden:

„Liebe kleine Schraube! Wir bitten dich um alles in der Welt: Halte aus! Jeder Sturm, auch dieser, geht mal vorüber. Lass uns nicht im Stich! Du bist ein guter Kamerad, liebe Schraube, und hast uns so viele Jahre schon sicher über alle Meere getragen!

Wenn du jetzt aufgibst, platzen alle anderen Schrauben und deine Platte fällt heraus. Die Wassermassen werden in unseren eisernen Rumpf stürzen und uns alle in den Abgrund reißen. Ohne dich und deine Tapferkeit werden wir nie mehr die Heimat erreichen. Wir vertrauen auf dich und deine in Jahrzehnten erprobte Ausdauer!"

Als die kleine Schraube diese großartige Botschaft hörte, wurde sie von Freude und Stolz erfüllt: Nie hätte sie geahnt, dass ihr eine solch ungeheure Bedeutung für das ganze Schiff beigemessen wurde, ja, dass sie absolut unentbehrlich war. Das Vertrauen, das die anderen ihr schenkten, ließ die kleine Schraube über sich hinauswachsen und stärkte ihr Verantwortungsbewusstsein. Sie sagte: „Liebe Freunde! Eure Botschaft hat mich ermutigt und meine Kräfte verdoppelt. Seid beruhigt: Niemals werde ich euch im Stich lassen! Ich werde durchhalten, denn eure Freundschaft hat mich stark gemacht!"

Kein Zweifel – das große Schiff hat dank der Tapferkeit der kleinen Schraube und all ihrer Freunde sicher den Hafen erreicht.

Die kleine Schraube

Symbolbild „Gruppe"

| Mit Klebestreifen und Post-its ein Symbolbild der Gruppe erstellen – wo sind die Verbindungen, wo die Stärken, die Schwächen, die Aufgaben, die Möglichkeiten etc.

Material: Klebeband, Post-its, Stifte

Offene Fragen:

Wie findest du die kleine Schraube?

Hättest du auch so reagiert?

Kennst du Beispiele, in denen etwas Kleines sehr wichtig ist, um etwas zusammenzuhalten?

Wie ist das bei uns Menschen?

Was hält eine Gruppe zusammen?

Wie reagieren die anderen, wenn einer die Gruppe verlässt?

Ist ein Mensch ersetzbar oder austauschbar?

Steh auf

| Die Gruppe fasst einen Reifen mit beiden Händen, alle setzen sich gleichzeitig auf den Boden und stehen gleichzeitig wieder auf.

Material: Reifen

Objekt „Gruppe im Kreis"

| Figur aus Papier schneiden, kleine Einschnitte in Hände und Füße gegengleich machen und zusammenstecken.

Material: Papier, Stifte, Schere

Die richtige Frage

Die Wirkung von Worten

Die richtige Frage
Die Wirkung von Worten

Es waren einmal zwei Mönche, die es einfach nicht lassen konnten, während des Gebetes zu rauchen.

Weil sie aber das schlechte Gewissen plagte, schrieben sie beide einen Brief an den Bischof, um seine Meinung zu diesem Fall zu erfragen.

Als Antwort erhielt der eine Mönch eine Erlaubnis, der andere jedoch ein Verbot.

Darüber wunderten sie sich sehr.

Der Mönch, dem das Rauchen erlaubt wurde, fragte den anderen: „Was hast du denn den Bischof gefragt?"

„Ich habe gefragt, ob ich während des Betens rauchen darf!"

„Und ich", antwortete der, der die Erlaubnis bekommen hatte, „habe gefragt, ob ich während des Rauchens beten darf!"

Offene Fragen:

Wie findest du die Geschichte?

Sind die Entscheidungen des Bischofs gerecht?

Warum trifft er zwei so unterschiedliche Entscheidungen, obwohl es um den gleichen Sachverhalt ging?

Was würdest du tun, wenn du einer der Mönche wärst?

Wie würdest du als Bischof entscheiden?

Schattenbild

| Ein Rolle oder ein großes Stück Papier im Raum oder im Freien so auslegen, dass der Schatten eines Objektes nachgezeichnet werden kann.
Dann gemeinsam den Unterschied zwischen dem Objekt selbst und seinem Schatten besprechen.
Wie ist die Wahrnehmung des Betrachters?

Material: Papier, Stifte

Fragespiel

| Diese Frage entweder an die gesamte Gruppe stellen und jeder schreibt seine Antwort im Stillen auf, danach kann es gemeinsam besprochen werden. Oder die Frage an die gesamte Gruppe stellen und gemeinsam beantworten.

Material: Papier, Stifte

Begriffsgruppen raten

| Die Teilnehmer in zwei Gruppen teilen, jeweils 30 Sekunden lang alle Begriffe aufschreiben, die zu Oberbegriffen wie Bäume, Farben, Hauptstädte, Buchtitel etc. einfallen. Zum Schluss alle Punkte zusammenzählen.

Material: Zettel, Stifte

Die Schnur

Toleranz, Überzeugungskraft

Die Schnur

Toleranz, Überzeugungskraft

Der weise König Akbar war es leid, dass sich seine Minister häufig stritten. Es waren zwar kluge Minister, die sich aber gegenseitig bremsten und damit auch den Fortschritt im Land von Akbar.

Da rief Akbar eines Tages seine Minister zu sich. Er zeigte mit der Hand auf eine gespannte, gerade Schnur und forderte die Minister auf: „Seht ihr diese Schnur? Eure Aufgabe sei es, sie zu kürzen, jedoch ohne sie zu verknoten oder auseinanderzuschneiden. Und ihr dürft sie auch nicht berühren. Kürzt sie auf eine andere Art und Weise!"

Die Minister blickten wortlos auf die Schnur, rieben sich den Bart und wunderten sich, wie die Schur gekürzt werden könnte, ohne abgeschnitten oder auch nur berührt zu werden. Selbst den Klügsten unter ihnen wollte keine Lösung für diese schwierige Aufgabe einfallen. „König, das ist nicht möglich!", sagten sie. „Kein noch so kluger Mensch kann dieses Rätsel lösen."

Da erhob sich der König, nahm wortlos eine zweite, längere Schnur und spannte sie neben die erste. Durch diese zweite, längere Schnur wurde die erste automatisch verkürzt ohne verknotet oder abgeschnitten worden zu sein.

„Seht her!", sagte der König. „Wir sollten die Meinung eines anderen weder antasten noch beschneiden, sondern nur unsere eigene Schnur daneben spannen. Dann möge der andere entscheiden, was länger und was kürzer, was besser oder schlechter ist. Wir sollen nicht für den anderen entscheiden, wir sollten ihm nur unsere eigene Wahrheit darlegen."

Offene Fragen:

Wie findest du die Lösung des Königs?
Welche Idee hättest du gehabt?
Warum streiten die Minister sich so häufig?
Welche Lösungen kennst du, wenn zwei sich streiten?
Was bedeutet Toleranz für dich?

Umrisse nachmalen

| Verschiedene Objekte und Personen mit ihren Umrissen nachmalen.

Material: Papier, Stifte

Symbolrunde

| Es werden viele verschiedene Gegenstände auf den Tisch gelegt. Jeder darf sich etwas aussuchen und anhand dessen etwas über sich erzählen.

Material: diverse Gegenstände

Deckenschieben

| Zwei Teilnehmer stellen sich auf eine Decke, die auf einem rutschigen Untergrund liegt, und versuchen sich gegenseitig wegzuschieben.

Material: Decke

Die Wäsche

Vorurteile, falsche Interpretationen, Wahrnehmung

Die Wäsche
Vorurteile, falsche Interpretationen, Wahrnehmung

Ein junges Paar zieht in eine neue Nachbarschaft. Am nächsten Morgen, während sie ihr Frühstück essen, sieht die junge Frau, wie ihre Nachbarin draußen ihre Wäsche aufhängt.

„Die Wäsche ist nicht sehr sauber; sie weiß nicht, wie man richtig wäscht. Vielleicht braucht sie ein besseres Waschmittel."

Ihr Mann sieht zu und bleibt ruhig. Jedes Mal, wenn ihre Nachbarin ihre Wäsche aufhängt, um sie zu trocknen, gibt die junge Frau die gleichen Kommentare von sich.

Einen Monat später ist die Frau überrascht, als sie eine schöne, saubere Wäsche auf der Leine zu sehen bekommt, und sagt zu ihrem Mann:

„Schau mal, sie hat endlich gelernt, wie man richtig wäscht. Ich frage mich, wer ihr das beigebracht hat?"

Der Mann erwidert: „Ich bin heute Morgen früh aufgestanden und habe unsere Fenster geputzt."

Offene Fragen:

*Kommt dir diese Situation bekannt vor?
Hast du etwas Ähnliches auch schon einmal erlebt?
Wie findest du die Reaktion der Frau?
Und die des Mannes?
Wie würdest du reagieren?
Fällt dir noch ein anderes Ende für diese Geschichte ein?*

Kinderbilder

| Kinderbilder ein wenig verzieren und erraten, welcher der Gruppenteilnehmer es ist.

Material: Fotos, Papier, Kleber, Stifte

Die Wäsche

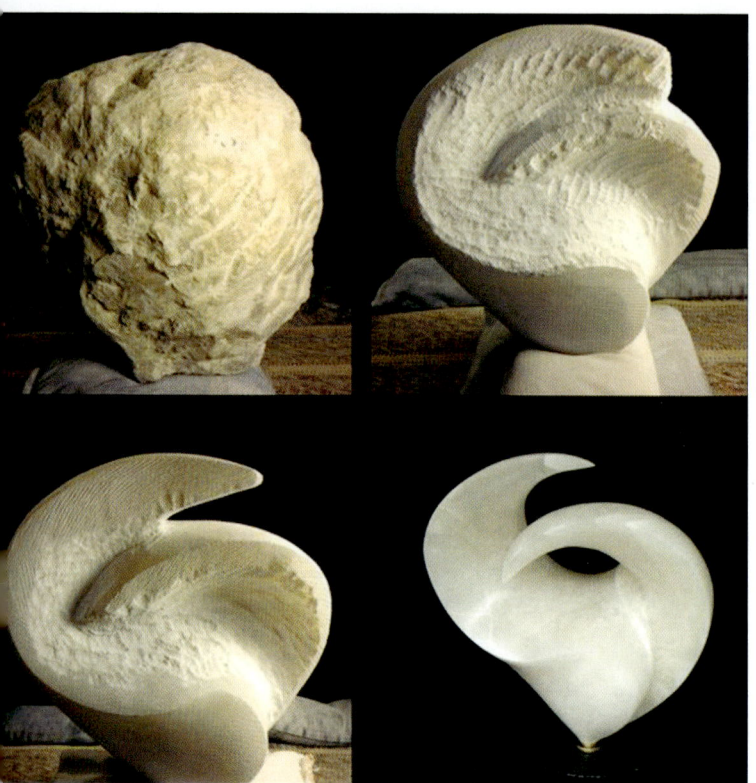

Skulptur aus Speckstein

| Was verbirgt sich in dem Stein? Welche Form ist zu erahnen?

Material:
Speckstein, Werkzeug

Stock-Pantomime

| Jeder darf mit einem Stock/Stab pantomimisch etwas darstellen, die anderen dürfen raten, z.B. Flöte, Regenschirm, Säge ...

Material: Stock, Stab

Felsenfester Glaube

Wie stark ist mein Glaube?

Felsenfester Glaube
Wie stark ist mein Glaube?

In einem Dorf hatte es schon monatelang nicht mehr geregnet. Die Dürre drohte, eine Katastrophe zu werden. Die Bewohner suchten nach einer Lösung und beschlossen schließlich, einen weisen Mann aufzusuchen, von dem bekannt war, dass er Wunder vollbringen konnte. Sie wollten ihn um Regen bitten.

Das ganze Dorf machte sich also auf den Weg und nach einer langen Reise kamen sie endlich zu der Wohnstätte des weisen Mannes.

Die Dorfältesten baten ihn um Regen für ihre Äcker und Felder, die Tiere und die durstigen Menschen.

Aber der weise Mann antwortete: „Es tut mir leid, aber es wird kein Wunder geschehen, denn ihr besitzt zu wenig Glauben!"

„Aber wie kannst du so etwas sagen", antworteten die Ältesten. „Wir haben uns extra auf den weiten Weg hierher gemacht, um dich um Hilfe zu bitten. Ist das kein Beweis unseres Glaubens?"

„Nein", sagte der weise Mann, „wenn ihr wirklich felsenfest an ein Wunder glauben würdet, dann hättet ihr alle einen Regenschirm mitgebracht!"

Offene Fragen:

Wie findest du das Ende der Geschichte?

Hättest du einen Regenschirm mitgenommen?

Muss man seinen Glauben durch äußere Dinge beweisen?

Was hätten die Dorfbewohner noch tun können?

Wie hätte die Geschichte noch anders ausgehen können?

Pusteblumen

| Verschiedene Variationen von Pusteblumen zeichnen

Material: Papier, Stifte

MÄRCHEN – STECKBRIEF

TITEL:...
ANFANGSSATZ:...
LETZTER SATZ:....
HAUPTFIGUR:...
MAGISCHE ZAHL:...
ERFUNDENE WESEN:...
BESONDERE DINGE:...
ZAUBERSPRÜCHE:...
GUTES ENDE: JA/NEIN...

Geschichte erfinden

| Anhand der untenstehenden Fragen gemeinsam oder jeder für sich eine Geschichte erfinden.

Material: Papier, Stifte

Freie Assoziation

| Jeder schreibt einen Begriff auf einen Zettel, dann einsammeln, dann wird gezogen und alle Begriffe werden zusammengetragen, die der Gruppe dazu einfallen.

Material: Papier, Stifte

Freundschaft

Freundschaft, Verzeihen

Freundschaft

Freundschaft, Verzeihen

Zwei Freunde wanderten durch die Wüste. Während der Wanderung kam es zu einem Streit und der eine schlug dem anderen im Affekt ins Gesicht.

Der Geschlagene war gekränkt. Ohne ein Wort zu sagen, kniete er nieder und schrieb folgende Worte in den Sand: „Heute hat mich mein bester Freund ins Gesicht geschlagen."

Sie setzten ihre Wanderung fort und kamen bald darauf zu einer Oase. Dort beschlossen sie beide, ein Bad zu nehmen. Der Freund, der geschlagen worden war, blieb auf einmal im Schlamm stecken und drohte zu ertrinken. Aber sein Freund rettete ihn buchstäblich in letzter Minute.

Nachdem sich der Freund, der fast ertrunken war, wieder erholt hatte, nahm er einen Stein und ritzte folgende Worte hinein: „Heute hat mein bester Freund mir das Leben gerettet."

Der Freund, der den anderen geschlagen und auch gerettet hatte, fragte erstaunt: „Als ich dich gekränkt hatte, hast du deinen Satz nur in den Sand geschrieben, aber nun ritzt du die Worte in einen Stein. Warum?"

Der andere Freund antwortete: „Wenn uns jemand gekränkt oder beleidigt hat, sollten wir es in den Sand schreiben, damit der Wind des Verzeihens es wieder auslöschen kann. Aber wenn jemand etwas tut, was für uns gut ist, dann können wir das in einen Stein gravieren, damit kein Wind es jemals löschen kann."

Offene Fragen:

Wie gefällt dir das Ende der Geschichte?

Wie hättest du reagiert, wenn du geschlagen worden wärst?

Warum kann man dem einen leicht verzeihen, bei einem anderen dauert es viel länger?

Gibt es Dinge, die unverzeihlich sind?

Wie fühlt sich derjenige, der etwas Unverzeihliches getan hat, und derjenige, dem es angetan wurde?

Jedes Volk und jeder Glaube haben unterschiedliche Ansichten über Moral und Ethik – gibt es auch allgemeingültige Überzeugungen?

Spruch-Steine

| Auf gesammelte Steine Sprüche malen.

Material:
Steine, Plaka-Farben

Schalen aus Beton

| In eine Schale Flüssigbeton (Bastelladen) einfüllen, kleine Schale hineindrücken, austrocknen lassen und herausnehmen. Auf Wunsch farbig gestalten.

Material: zwei Schalen, Beton

Gummibänder-Parcours

| Zu zweit mit Gummiband, z. B. Theraband, an Händen oder Beinen verbunden, einen Parcours überwinden.

Material: Theraband, im Raum Stühle, Tische, Bänke etc., in der Natur Bäume, Wege, Sträucher etc.

Glück

Achtsamkeit, Präsenz, Wahrnehmung

Glück

Achtsamkeit, Präsenz, Wahrnehmung

Es war einmal ein junger Mann, der das Geheimnis von Glück und Erfolg ergründen wollte. Dazu besuchte er den weisesten aller Weisen in dessen Palast. Dieser sagte ihm, dass er gerade keine Zeit habe, gestattete dem Jüngling aber, sich alleine im Palast umzusehen. „Um einen Gefallen aber bitte ich dich", sagte der Weise und gab dem jungen Mann einen Löffel, auf den er etwas Öl schüttete: „Halte, während du dich umsiehst, diesen Löffel, ohne das Öl zu verschütten."

Der junge Mann ging los, ohne den Blick vom Löffel zu lösen. Als er etwas später dem Weisen wieder begegnete, fragte ihn dieser: „Hast du den wunderschönen Palast, die herrlichen Brunnen und die prächtigen Blumen gesehen?" Beschämt gab der junge Mann zu, dass er nichts von alledem gesehen hätte, da er nur auf den Löffel geachtet hatte. „Geh noch einmal los und schau dir all die Herrlichkeiten meiner Welt an", sagte der Weise und der junge Mann ging erneut los. Doch diesmal achtete er auf alles. Er sah die Blumen, die Fische und die herrlichen Mosaiken im Palast. Als er wenig später den Weisen nochmals traf, schilderte er begeistert, was er alles gesehen hatte.

„Wo ist das Öl?", fragte der Weise und der junge Mann stellte erschrocken fest, dass er das ganze Öl im Gehen verschüttet hatte.

„Ich kann dir nur einen einzigen Rat geben", sagte der Weise. „Das Geheimnis von Glück und Erfolg besteht darin, alle Herrlichkeit der Welt zu entdecken und zu sehen, ohne dabei das Öl auf dem Löffel zu vergessen!"

Offene Fragen:

Warum hat der Weise dieses Beispiel gewählt, um dem jungen Mann zu zeigen, was Glück ist?

Findest du es ein gutes Beispiel?

Welches Beispiel hätte er noch wählen können?

Was hätte der junge Mann von Anfang an anders machen können?

Kennst du diese Form der geteilten Aufmerksamkeit aus deinem Leben?

Wie ergeht es dir damit?

Möchtest du etwas ändern? Wenn ja, wie?

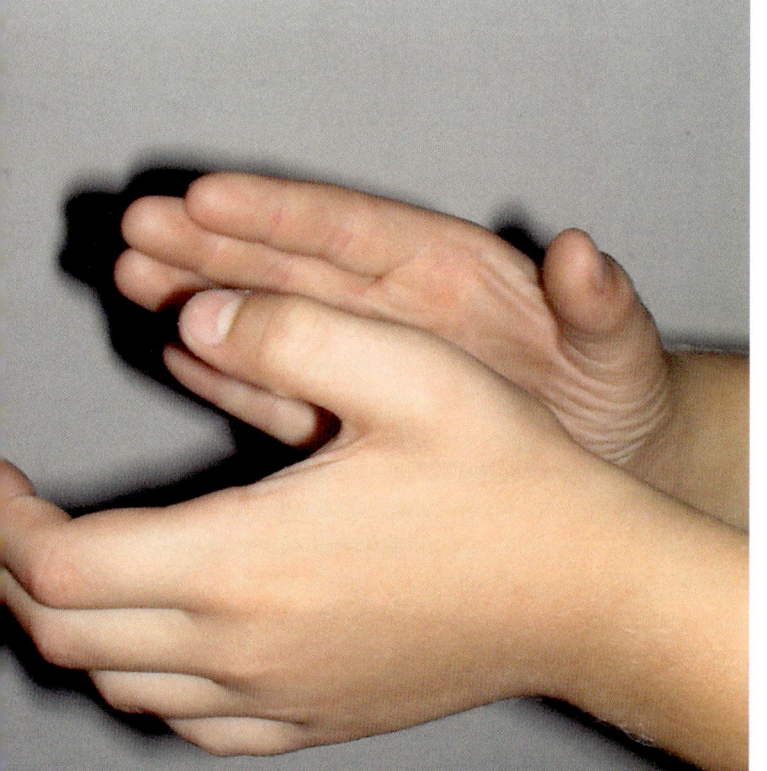

Glück

Geräusche-Parcours

| Ein Teilnehmer bekommt die Augen verbunden und wird durch einen Parcours geführt, in dem die Gruppe leise und laute Geräusche durch Body-Percussion macht.
Er folgt den lauten Geräuschen bis zum Ziel.

Glücks-Kraniche

| Aus Origami-Papier Kraniche basteln und aufhängen.

Material: Origami-Papier

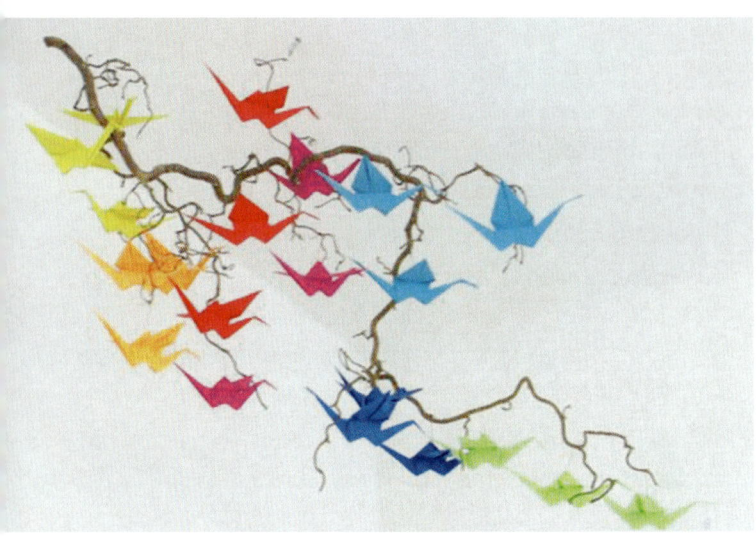

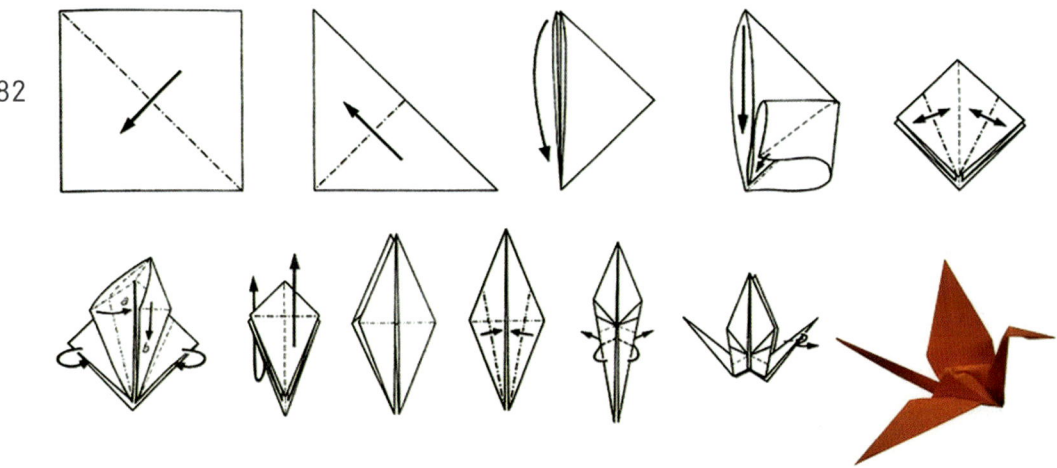

Spaghetti-Parcours

| Jeweils zwei Teilnehmer halten eine rohe Spaghetti-Nudel zwischen ihren Handinnenflächen und versuchen, durch einen Parcours zu gehen.

Material: Spaghetti, Material für einen Parcours

Gottvertrauen

Glaube und Eigenverantwortung

Gottvertrauen

Glaube und Eigenverantwortung

Drei Mönche sitzen in einem Boot und angeln.

Nach einer Weile gehen dem einen Mönch die Würmer aus. Er legt seine Angel zur Seite, schaut kurz zum Himmel und dann aufs Wasser. Er zieht seine Kutte etwas hoch, steigt aus dem Boot, läuft über das Wasser zum Ufer, wo er sich einige Würmer holt, um dann zurück über das Wasser zum Boot zu laufen und weiter zu angeln.

Nach einer Weile gehen dem nächsten Mönch die Würmer aus. Auch er legt seine Angel zur Seite, schaut kurz zum Himmel, dann aufs Wasser, zieht seine Kutte etwas hoch, steigt aus dem Boot, läuft übers Wasser zum Ufer, holt einige Würmer, läuft über das Wasser zum Boot zurück und angelt weiter.

Nach einer Weile gehen auch dem dritten Mönch die Würmer aus. Er legt seine Angel zur Seite, schaut kurz zum Himmel, dann aufs Wasser, zieht seine Kutte etwas hoch, steigt aus dem Boot und versinkt wie ein Stein.

Meint der erste Mönch zum anderen: „Gottvertrauen hat er ja …"

„Ja, das hat er", meint der andere Mönch, „aber er weiß leider nicht, wo die Pfähle stehen."

Offene Fragen:

Warum haben die beiden Mönche den dritten Mönch nicht gewarnt?

Warum dachte der dritte Mönch, dass er auch über das Wasser laufen kann?

Hast du selbst schon einmal eine ähnliche Situation erlebt?" Wie hast du dich dabei gefühlt?

Welche Unterstützung hättest du gebraucht?

Fällt dir noch ein anderes Ende für diese Geschichte ein?

Gottvertrauen 85

Hinweisschilder aus Papier

| Eine Form zweifach aus Papier ausschneiden, Zahnstocher oder Holzspieß in die Mitte legen und zusammenkleben.

Material: Papier, Schere, Kleber, Zahnstocher, Holzspieße

Teppich aus Wolle

| Auf einer Stoffbahn Wolle in Formen auslegen und zusammennähen. Alternativ näht jeder eine Form und alle werden zum Schluss zusammengenäht.

Material: Stoffbahn, Wolle

Insel

| Alle Teilnehmer stehen auf einer Insel aus Teppichfliesen. Der Spielleiter erzählt eine kleine Geschichte/Reise, in deren Verlauf er immer wieder eine Fliese wegnimmt.
Die Teilnehmer müssen versuchen, auf der Insel zu bleiben und nicht ins „Wasser" zu fallen.

Material: Teppichfliesen

Nähe

Kommunikation, Streit

Nähe
Kommunikation, Streit

Eines Tages fragte Mahatma Gandhi: „Warum schreien die Menschen so, wenn sie wütend sind?"

„Sie schreien, weil sie die Ruhe verlieren", antwortete ein Mann.

„Doch warum schreien sie, wenn die andere Person neben ihnen steht?", fragte Gandhi erneut.

„Wir schreien, weil wir wollen, dass die andere Person uns zuhört", erwiderte ein anderer Mann. Gandhi fragte weiter: „Ist es dann nicht möglich, mit leiser Stimme zu sprechen?" Weitere Antworten folgten, doch keine konnte ihn überzeugen.

Nach einem Augenblick des Nachdenkens sagte er: „Wollt ihr wissen, weshalb man eine andere Person anschreit, wenn man wütend ist? Es ist so, dass sich bei einem Streit die Herzen zweier Menschen weit voneinander entfernen. Um diese Distanz zu überwinden, muss man schreien. Je wütender die Menschen sind, desto lauter müssen sie schreien, um einander zu hören. Darum lasst es nicht zu, dass eure Herzen sich bei einer Diskussion voneinander entfernen. Sagt keine Worte, die die Herzen auseinander treiben, denn der Tag wird kommen, an dem die Distanz so groß ist, dass es keinen Weg mehr zurück geben wird.

Offene Fragen:

Kennst du diese Situation, um die es in der Geschichte geht?
Wie verhältst du dich dann?
Was bewirkt das in deinem Gegenüber?
Was wäre die beste Lösung?
Wie könnte man solche Situationen vermeiden?
Wann ist man einem Menschen wirklich nahe?

Ganz anders ist es zwischen zwei Menschen, die sich lieben. Sie schreien nicht, sie reden sanft miteinander. Weshalb wohl?

Weil ihre Herzen einander sehr nahe sind. Die Distanz zwischen ihnen ist klein. Manchmal sind sich die Herzen so nahe, dass sie nicht einmal sprechen, sondern nur flüstern. Und wenn die Liebe noch stärker ist, braucht es nicht einmal mehr ein Flüstern. Es genügt sich anzusehen und die Herzen hören einander. Denn wenn zwei Menschen sich lieben, sind sie einander sehr nahe."

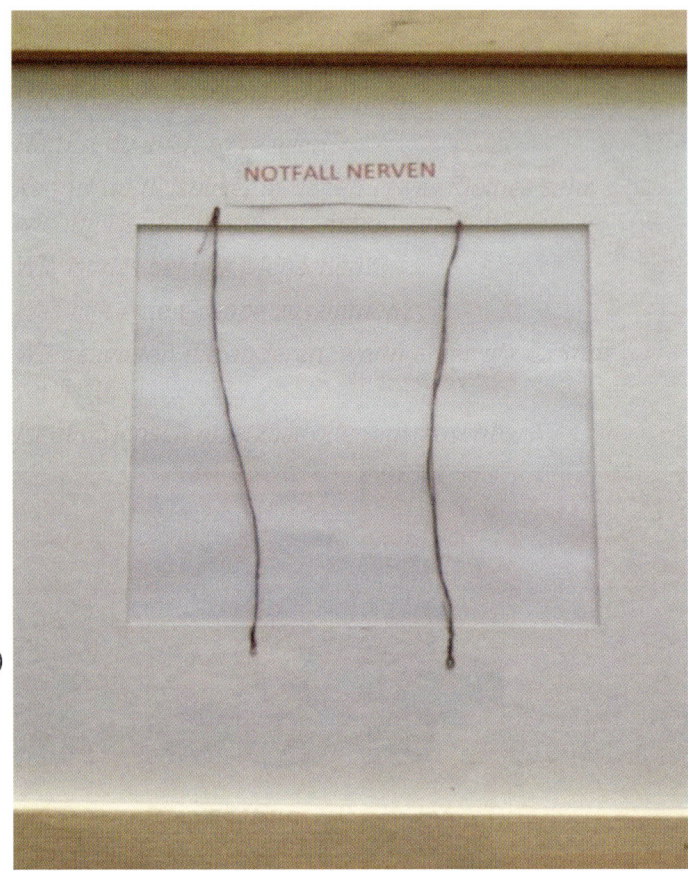

Notfallnerven

| In einen Bilderrahmen zwei Drähte einbauen mit der Aufschrift: „Notfallnerven".

Material: Bilderrahmen, Nagel, Draht

Fliegenklatschen-Tennis

| Ein oder mehrere Spieler, freies Feld oder Schnur spannen. Luftballon zuspielen = kooperativ.
Luftballon soll beim Gegner den Boden berühren = Wettkampf.

Material:
Fliegenklatschen, Luftballons, Seil oder Zauberschnur.

Plakat „Erste Hilfe bei Wutanfällen"

| 1. Merkmale: z.B. roter Kopf, Zähne zeigen …
2. Erste Hilfe: Pflaster über den Mund kleben …
3. Gegenmaßnahmen: in den Arm nehmen …

Die Gruppe gestaltet das Plakat gemeinsam, es darf humorvoll sein.

Material: großes Papier, Stifte

Ubuntu

Teilen, Empathie

Ubuntu
Teilen, Empathie

Ein Anthropologe bot Kindern eines afrikanischen Stammes ein neues Spiel an.

Er stellte einen Korb voller Obst in die Nähe eines Baumes und sagte ihnen, wer zuerst dort ist, gewinnt die süßen Früchte.

Als er ihnen das Startsignal gab, liefen sie alle zusammen und nahmen sich gegenseitig an den Händen, setzten sich dann zusammen hin und genossen ihre Leckereien.

Als er sie fragte, weshalb sie so gelaufen sind, wo doch jeder die Chance hatte, die Früchte für sich selbst zu gewinnen, sagten sie: „Ubuntu, wie kann einer von uns froh sein, wenn all die anderen traurig sind?"

Ubuntu in der Xhosa-Kultur bedeutet:

„Ich bin, weil du bist,
und ich kann nur sein,
wenn du bist."

Offene Fragen:

Wie gefällt dir der letzte Satz?

Wie findest du Wettbewerbe?

Was denkst du über Teilen und Gemeinschaft?

Jede Gruppe ist so stark wie ihr schwächstes Glied – stimmt das?

Was würde sich verändern, wenn jeder Mensch mehr mit dem anderen teilen würde?

Welcher erst kleine Schritt wäre dafür hilfreich?

Schöne-Dinge-Tagebuch

| In ein Notizbuch täglich eintragen, welche schönen Dinge man am Tag erlebt hat und wofür man dankbar ist.

Kann auch als Gruppenbuch gestaltet werden, in das jeder schreiben kann! Zu gegebener Zeit lesen – vorlesen und teilen!

Material: Notizbuch, Stifte

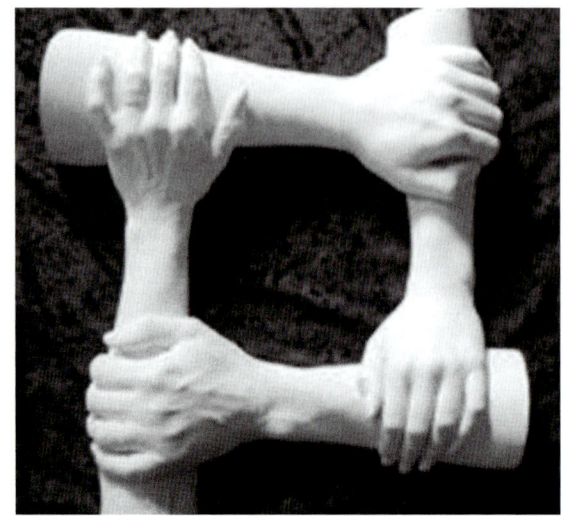

Hände

| Einen Gummihandschuh mit Beton ausgießen.
  Nach dem Trocknen Handschuh entfernen und ein Symbol mit den Händen gestalten.

Material: Gummihandschuhe, Beton

Platz ist in der kleinsten Hütte

| Die Teilnehmer versuchen, wie viele in einen Reifen passen.
  - stehend
  - Reifen am Boden oder hüfthoch
  - Wetten abschließen
  - Teilnehmer dürfen sich auch Huckepack nehmen o.ä.
  - weitere Ideen...?

Material: Reifen

Der Zettel

Die Wirkung von positiven Worten,
sich gegenseitig unterstützen,
an einen Menschen glauben

Der Zettel

Die Wirkung von positiven Worten, sich gegenseitig unterstützen, an einen Menschen glauben

Eines Tages bat eine Lehrerin ihre Schüler, die Namen aller anderen Schüler in der Klasse auf ein Blatt Papier zu schreiben und ein wenig Platz neben den Namen zu lassen. Dann sagte sie zu den Schülern, sie sollten überlegen, was das Netteste ist, das sie über jeden ihrer Klassenkameraden sagen können, und das sollten sie neben die Namen schreiben. Es dauerte die ganze Stunde, bis jeder fertig war, und bevor sie den Klassenraum verließen, gaben sie ihre Blätter der Lehrerin. Am Wochenende schrieb die Lehrerin jeden Schülernamen auf ein Blatt Papier und daneben die Liste der netten Bemerkungen, die ihre Mitschüler über den einzelnen aufgeschrieben hatten.

Am Montag gab sie jedem Schüler seine Liste. Schon nach kurzer Zeit lächelten alle. „Wirklich?", hörte man flüstern. „Ich wusste gar nicht, dass ich irgendjemandem was bedeute!" und „Ich wusste nicht, dass mich andere so mögen!" waren die Kommentare. Niemand erwähnte danach die Listen wieder. Die Lehrerin wusste nicht, ob die Schüler sie untereinander oder mit ihren Eltern diskutiert hatten, aber das machte nichts aus. Die Übung hatte ihren Zweck erfüllt. Die Schüler waren glücklich mit sich und mit den anderen.

Einige Jahre später war einer der Schüler in Vietnam gefallen und die Lehrerin ging zum Begräbnis dieses Schülers. Die Kirche war überfüllt mit vielen Freunden. Einer nach dem anderen, der den jungen Mann geliebt oder gekannt hatte, ging am Sarg vorbei und erwies ihm die letzte Ehre. Die Lehrerin ging als Letzte und betete

Offene Fragen:

Wie findest du die Idee der Lehrerin?

Hast du etwas Ähnliches auch schon einmal erlebt?

Sagen wir unseren Mitmenschen eher schlechte oder gute Sachen?

Warum fällt es manchen Menschen so schwer, etwas Gutes auszusprechen?

In welcher Situation ist es am einfachsten, sich gegenseitig zu loben oder zu wertschätzen?

Welche Atmosphäre braucht es dafür?

Was kann man dafür tun, damit eine solche Atmosphäre entsteht?

Was nimmst du als Anregung mit aus dieser Geschichte?

vor dem Sarg. Als sie dort stand, sagte einer der Soldaten, die den Sarg trugen, zu ihr: „Waren Sie Marks Mathe-Lehrerin?" Sie nickte: „Ja." Dann sagte er: „Mark hat sehr oft von Ihnen gesprochen."

Nach dem Begräbnis waren die meisten von Marks früheren Schulfreunden versammelt. Marks Eltern waren auch da und sie warteten offenbar sehnsüchtig darauf, mit der Lehrerin zu sprechen. „Wir wollen Ihnen etwas zeigen", sagte der Vater und zog eine Geldbörse aus seiner Tasche. „Das wurde gefunden, als Mark gefallen ist. Wir dachten, Sie würden es erkennen." Aus der Geldbörse zog er ein stark abgenutztes Blatt, das offensichtlich zusammengeklebt, viele Male gefaltet und auseinandergefaltet worden war. Die Lehrerin wusste ohne hinzusehen, dass dies eines der Blätter war, auf denen die netten Dinge standen, die seine Klassenkameraden über Mark geschrieben hatten.

Guinness-Spiel

| Ich habe die meisten Tanten.
Ich kann die meisten Liegestützen.
Ich habe die meisten Sommersprossen etc.
Jeder Teilnehmer schreibt ein Statement auf einen Zettel, dann wird nacheinander gezogen und vorgelesen. Alle dürfen raten, wer es ist.

„Wir möchten Ihnen so sehr dafür danken, dass Sie das gemacht haben", sagte Marks Mutter. „Wie Sie sehen können, hat Mark das sehr geschätzt." Alle früheren Schüler versammelten sich um die Lehrerin.

Charlie lächelte ein wenig und sagte: „Ich habe meine Liste auch noch. Sie ist in der obersten Lade in meinem Schreibtisch." Chucks Frau sagte: „Chuck bat mich, die Liste in unser Hochzeitsalbum zu kleben." „Ich habe meine auch noch", sagte Marilyn. „Sie ist in meinem Tagebuch." Dann griff Vicki, eine andere Mitschülerin, in ihren Taschenkalender und zeigte ihre abgegriffene und ausgefranste Liste den anderen. „Ich trage sie immer bei mir", sagte Vicki und meinte dann: „Ich glaube, wir haben alle die Listen aufbewahrt." Die Lehrerin war so gerührt, dass sie sich setzen musste, und weinte. Sie weinte um Mark und für alle seine Freunde, die ihn nie mehr sehen würden.

Im Zusammenleben mit unseren Mitmenschen vergessen wir oft, dass jedes Leben eines Tages endet und dass wir nicht wissen, wann dieser Tag sein wird. Deshalb sollte man Menschen, die man liebt und um die man sich sorgt, sagen, dass sie etwas Besonderes und Wichtiges sind. Sag es ihnen … Du erntest, was du säst. Was man in das Leben der anderen einbringt, kommt auch ins eigene Leben zurück.

Gemeinsames Bild

| Jeder Teilnehmer malt seine Hand mit Plaka-Farbe an. Die Gruppe gestaltet ein gemeinsames Bild mit den Handabdrücken.

Material: Farbe, Papier

Die Flut

Glaube, Eigenverantwortung

Die Flut

Glaube, Eigenverantwortung

Die Hochwasser-Katastrophe hat einen Mann auf das Dach seines Hauses getrieben. Doch auch dort ist er nicht sicher – das Wasser steigt bedrohlich an. Retter in einem Boot kommen vorbei und wollen ihn mitnehmen.

„Nein danke", antwortet er, „Gott wird mich retten."

Es wird Nacht, das Wasser steigt weiter, der Mann klettert auf den Schornstein. Wieder kommt ein Boot vorbei, und die Helfer rufen: „Steig ein!"

„Nein danke, Gott wird mich retten", ist die Antwort.

Schließlich kommt ein Hubschrauber. Die Besatzung sieht ihn im Scheinwerferlicht, das Wasser reicht ihm bis zum Kinn. „Nehmen Sie die Strickleiter", ruft einer der Männer.

„Nein danke, Gott wird mich retten", sind die letzten Worte des Mannes, denn kurze Zeit später ertrinkt er. Im Himmel beschwert er sich bei Gott: „Mein Leben lang habe ich treu an dich geglaubt. Warum hast du mich nicht gerettet?"

Gott sieht ihn erstaunt an: „Ich habe dir zwei Boote und einen Hubschrauber geschickt. Worauf hast du gewartet?"

Offene Fragen:

Wie findest du das Verhalten des Mannes?

Warum nimmt er die Hilfe der Menschen nicht an?

Hast du auch schon einmal eine Hilfe nicht angenommen, die dir angeboten wurde?

Warum?

Wie hat sich die Situation dann aufgelöst?

Ist es leichter, Hilfe anzunehmen oder jemand zu helfen?

Fällt es dir leicht, jemand um Hilfe zu bitten?

Welche Hilfe würdest du dir im Alltag wünschen – auf der Arbeit, in der Familie, in der Freizeit?

Die Flut

Stehauf-Männchen

| Auf Papier die Umrisse eines Männchens zeichnen, wie auf der Abbildung ausschneiden und die Hände der gefalteten Figur zusammenkleben.

Material: Papier, Schere, Kleber

Wetterbericht

| Der Tagesablauf der gesamten Gruppe oder jedes einzelnen Teilnehmers wird als Wetterbericht zeichnerisch dargestellt und besprochen.
Kann auch als Wochenablauf oder Monatsablauf gemacht werden.

Material: großes Papier, Stifte

Verbindungen

| Die Gruppe steht im Kreis, wirft sich einen Wollfaden kreuz und quer zu, wer fängt, hält ein Stück des Fadens fest und wirft dann weiter.

Stille Post: Alle halten ihre Fäden fest, Impuls wird vom Sender zum Empfänger durch leichtes Ziehen weitergegeben.

Glöckchen aufhängen, ein Teilnehmer klettert so leise wie möglich durch den Woll-Dschungel.

Material: Wolle, Glöckchen

Die Frau am Fluss

Dogma, Pragmatismus, Fanatismus

Die Frau am Fluss

Dogma, Pragmatismus, Fanatismus

Zwei Mönche waren unterwegs von einem Kloster zu einem anderen. Nach einiger Zeit kamen sie zu einem Fluss. Dort begegneten sie einer jungen Frau, die wie sie an das andere Ufer gelangen musste. Die junge Frau zögerte jedoch, das Wasser zu betreten, denn sie trug ein sehr schönes Kleid und wollte nicht, dass es nass wurde.

Da sagte der eine Mönch zu ihr: „Wenn Sie wollen, kann ich Ihnen helfen, über den Fluss zu kommen."

Sie war angenehm überrascht und nahm das Angebot an. Da nahm der Mönch die junge Frau in die Arme, trug sie über den Fluss und stellte sie am anderen Ufer wieder ab. Sie bedankte sich, und die beiden Mönche setzten ihren Weg fort.

Nach einem langen Marsch in Schweigen, als sie fast im Kloster angekommen waren, sagte der eine Mönch zum anderen: „Du hast die Frau über den Fluss getragen, aber du weißt doch, dass wir als Mönche das Gelübde abgelegt haben, nie eine Frau zu berühren."

Da antwortete der andere Mönch: „Ich habe die Frau nur über den Fluss getragen, trägst du sie etwa immer noch?"

Offene Fragen:

Wie findest du das Verhalten der beiden Mönche?
Was hättest du an ihrer Stelle getan?
Ist jedes Gelübde sinnvoll?
Wann darf ein Gelübde gebrochen werden?
Wann ist ein Mensch sich selbst treu?
Was bedeutet authentisch sein für dich?

Schattenbild

| Jeder Teilnehmer sucht sich im Raum oder im Freien ein Objekt und malt die Umrisse des Schattens ab.

Material: Papier, Stifte

Brief an mich selbst

| Nach einem Gespräch oder einer Gruppenaktivität schreiben alle Teilnehmer auf, was sie sich für die nächste Zeit vorgenommen haben.
Der Gruppenleiter/die Gruppenleiterin schickt diesen Brief ein paar Tage später als Erinnerung an die betreffende Person (jeder bekommt also seinen eigenen Brief zugeschickt!).

Material: Papier, Stifte

Schaufensterpuppe

| Zwei Gruppen stellen das gleiche Bild dar, der Spielleiter hat bei einem Bild fünf Fehler eingebaut. Der Teilnehmer muss sie finden.

Die ungeborenen Zwillinge

Wahrnehmung im Mutterleib

Die ungeborenen Zwillinge
Wahrnehmung im Mutterleib

Ein ungeborenes Zwillingspärchen unterhält sich im Bauch seiner Mutter. „Sag mal, glaubst du eigentlich an ein Leben nach der Geburt?", fragt der eine Zwilling.

„Ja, auf jeden Fall! Hier drinnen wachsen wir und werden stark für das, was draußen kommen wird", antwortet der andere Zwilling.

„Ich glaube, das ist Blödsinn!", sagt der erste. „Es kann kein Leben nach der Geburt geben – wie sollte das denn bitteschön aussehen?"

„So ganz genau weiß ich das auch nicht. Aber es wird sicher viel heller als hier sein. Und vielleicht werden wir herumlaufen und mit dem Mund essen?"

„So einen Unsinn habe ich ja noch nie gehört! Mit dem Mund essen, was für eine verrückte Idee. Es gibt doch die Nabelschnur, die uns ernährt. Und wie willst du herumlaufen? Dafür ist die Nabelschnur viel zu kurz."

„Doch, es geht ganz bestimmt. Es wird eben alles nur ein bisschen anders."

„Du spinnst! Es ist noch nie einer zurückgekommen von ‚nach der Geburt'. Mit der Geburt ist das Leben zu Ende. Punktum."

„Ich gebe ja zu, dass keiner weiß, wie das Leben nach der Geburt aussehen wird. Aber ich weiß, dass wir dann unsere Mutter sehen werden und sie wird für uns sorgen."

Offene Fragen:

Wie findest du die Geschichte?

Kontakt zwischen Mutter und Kind im Mutterleib – was hältst du davon?

Hast du es schon selbst erlebt – sei es als Vater/Mutter oder durch Erzählungen von anderen?

Diese Geschichte ist eine Metapher – kannst du etwas darüber sagen?

In welchen Situationen wäre es sinnvoll, diese Geschichte zu erzählen?

„Mutter??? Du glaubst doch wohl nicht an eine Mutter? Wo ist sie denn bitte?"

„Na hier – überall um uns herum. Wir sind und leben in ihr und durch sie. Ohne sie könnten wir gar nicht sein!"
„Quatsch! Von einer Mutter habe ich noch nie etwas bemerkt, also gibt es sie auch nicht."

„Doch, manchmal, wenn wir ganz still sind, kannst du sie singen hören. Oder spüren, wenn sie unsere Welt streichelt ..."

Sacred Dance / Meditativer Tanz

| Kreistänze z. B. nach Bernhard Wosien oder Dagmar von Garnier

Viele Anregungen unter:
https://de.pinterest.com/lorrainemoore51/folk-dance/
www.choretaki.com

Stille-Post-Malen

| Ein Begriff wird mit dem Finger auf den Rücken eines Teilnehmers gemalt und im Kreis weitergegeben. Am Ende wird gesagt, was es darstellen sollte.

Inneres Haus

| Jeder Teilnehmer kann ein Haus malen, in jedem Zimmer wohnt ein für ihn wichtiger Mensch.

Material: Papier, Stifte

Zeit statt Geld

Wertvolle Zeit, wie verbringe ich meine Zeit, warum und mit wem?

Zeit statt Geld

Wertvolle Zeit, wie verbringe ich meine Zeit, warum und mit wem?

Ein Mann kam spät von der Arbeit nach Hause, müde und erschöpft. Sein fünfjähriger Sohn wartete auf ihn an der Tür: „Papa, darf ich dich etwas fragen?" „Ja, sicher. Worum geht es denn?", antwortete der Mann. „Papa, wenn du arbeitest, wie viel verdienst du pro Stunde?" „Das geht dich gar nichts an. Warum fragst du solche Sachen?", sagte der Mann ärgerlich. „Ich will es doch nur wissen. Bitte sag mir, wie viel du in der Stunde bekommst", bettelte der kleine Junge. „Wenn du es unbedingt wissen musst: Ich bekomme 20 Euro die Stunde." „Oh", stöhnte der kleine Junge mit gesenktem Kopf.

Dann sah er auf und sagte: „Papa, kann ich mir bitte zehn Euro von dir leihen?" Der Vater antwortete verärgert: „War das der einzige Grund, zu erfahren, was ich verdiene? Nur um Geld zu erbetteln, damit du ein dummes Spielzeug oder sonstigen Unsinn kaufen kannst? Geh auf dein Zimmer und denk darüber nach, ob das nicht sehr egoistisch ist. Ich arbeite lang und hart jeden Tag und ich habe keine Zeit für diesen Quatsch!" Der kleine Junge ging leise in sein Zimmer und schloss die Tür. Der Mann setzte sich vor den Fernseher und ärgerte sich weiter über das Verhalten seines Sohnes.

Nach etwa einer Stunde hatte er sich beruhigt und begann sich zu fragen, ob er nicht überreagiert hatte. Er ging hinauf zu seinem Sohn und öffnete die Tür. „Schläfst Du schon?", fragte er. „Nein, Papa. Ich bin wach." „Ich habe nachgedacht. Ich finde, ich war vorhin zu hart",

Offene Fragen:

Kommt dir diese Situation bekannt vor?

Hast du sie selbst erlebt – sei es als Elternteil oder als Kind?

Was ist wichtig im Leben und im Alltag?

Wofür würdest du dir gerne mehr Zeit nehmen?

Was hindert dich daran?

Was bereuen die Menschen am meisten, wenn sie alt geworden sind?

Zeit ist Geld – stimmt das?

sagte der Mann. „Ich hatte einen langen, schwierigen Tag und ich habe meine Anspannung an dir ausgelassen. Hier sind die zehn Euro, die du haben wolltest." Der kleine Junge sprang vom Bett: „Oh, danke, Papa!", rief er. Dann holte er unter seinem Bett einen flachen Karton mit einigen Münzen darin hervor. Als der Mann sah, dass sein Sohn bereits einiges an Geld hatte, wurde er ärgerlich, während sein Sohn langsam das Geld zählte.

„Warum hast du mich nach Geld gefragt, wenn du doch schon welches hattest?" „Weil ich nicht genug hatte. Aber jetzt reicht es!", sagte der Junge. „Papa, ich habe jetzt 20 Euro. Kann ich eine Stunde Zeit mit dir kaufen?"

Speed-Dating

| Die Gruppe sitzt sich in zwei Reihen gegenüber, eine Minute lang zu einem Thema miteinander austauschen, dann Partnerwechsel.

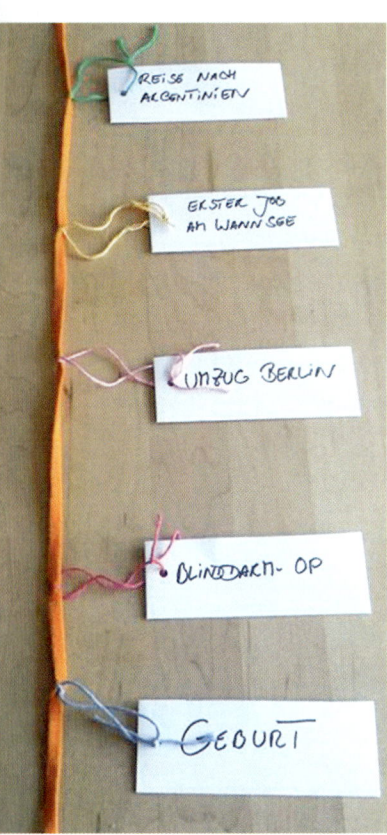

Lebenskette

| Die Teilnehmer machen eine lange Perlenkette, schreiben persönliche Lebensstationen auf Kärtchen und binden sie daran fest.

Die Kette kann jeder Teilnehmer individuell machen oder sie wird gemeinsam mit der Gruppe gestaltet. Die Erlebnisse und Übereinstimmungen können anschließend besprochen werden.

Material: Kette, Schnur, Perlen, Papier, Stifte, Schere

Wandobjekt

| Mit Wollfäden ein Wandobjekt gestalten, nach Wunsch verzieren.

Material: Wolle, Holzleisten

Der Skorpion

Authentisch sein, nicht gegen seine
Natur handeln können

Der Skorpion

Authentisch sein, nicht gegen seine Natur handeln können

An einem Fluss wuschen zwei Mönche gerade ihre Essschalen, als sie einen ertrinkenden Skorpion bemerkten.

Einer der Mönche schöpfte ihn sofort aus dem Wasser und setzte ihn am Ufer ab. Dabei wurde er gestochen.

Als er sich wieder seiner Schale zuwandte, fiel der Skorpion erneut ins Wasser. Der Mönch rettete ihn wieder und wurde noch einmal gestochen.

Der andere Mönch fragte ihn: „Warum rettest du den Skorpion immer wieder, obwohl du doch weißt, dass es in seiner Natur liegt zu stechen?"

Da antwortete der Mönch lächelnd: „Weil es in meiner Natur liegt zu helfen!"

Offene Fragen:

Gefällt dir diese Geschichte?

Wie hättest du reagiert, wenn du der Mönch gewesen wärst?

Warum sticht der Skorpion jedes Mal wieder zu, obwohl er doch gerettet wurde?

Kennst du Menschen, die genauso reagieren?

Wie verhältst du dich dann?

Geben ist besser als nehmen – ist das wahr?

Der Skorpion

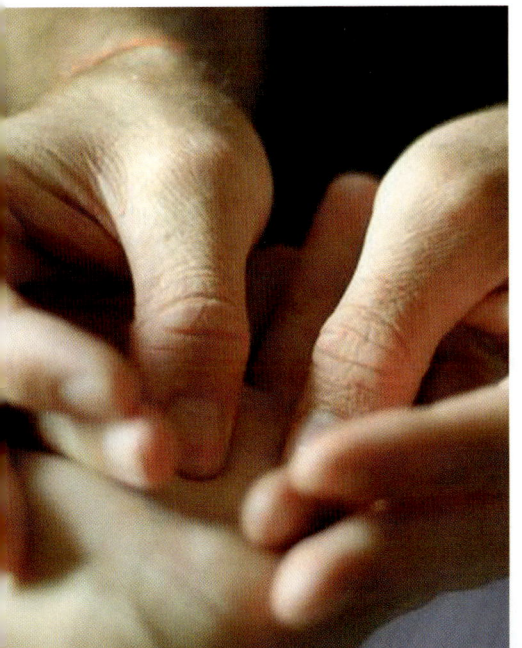

Handmassage

| Für eine kleine Handmassage zu zweit zusammengehen, ein Partner sitzt oder liegt, der andere Partner nimmt ein wenig warmes Öl in seine Hände und reibt damit zunächst die eine Hand des Partners ein. In Absprache kann mehr oder weniger Druck ausgeübt werden. Die einzelnen Finger können leicht auf allen Seiten ausgestrichen werden, den Handrücken vorsichtig massieren und auf der Innenfläche und dem Daumenballen kann kräftiger massiert werden. Dann die andere Hand ebenso massieren. Anschließend Partnerwechsel.

Material: Massageöl

Gemeinsame Decke

| Jeder Teilnehmer häkelt einen Streifen. Diese Streifen werden zu Quadraten zusammengewoben und dann zu einer Decke zusammengenäht.

Material: Wolle, Häkelnadel, Nähutensilien

Lavendelsäckchen und Kirschkernsäckchen

| Aus Stoffresten ein Säckchen nähen. Größe nach Wunsch und mit getrocknetem Lavendel oder Kirschkernen füllen, dann zunähen. Das Lavendelsäckchen kann als Duftkissen verwendet werden, das Kirschkernsäckchen kann auf der Heizung oder im Ofen leicht angewärmt werden und z. B. auf den Rücken oder Nacken gelegt werden. Es sorgt für ein wohliges Wärmegefühl und für Entspannung.

Material: Stoffreste, Nadel + Faden, Lavendel, Kirschkerne oder Sand

Der Papagei

Sich befreien, Lösungsmöglichkeiten

Der Papagei

Sich befreien, Lösungsmöglichkeiten

Einst besaß ein Mann einen wunderschönen Papagei, der in einem goldenen Käfig lebte. Als er auf eine Reise nach Indien gehen wollte, verabschiedete er sich von seinem Papagei und sagte zu ihm: „Ich gehe in deine Heimat. Hast du eine Botschaft oder einen Wunsch?" Der Papagei erwiderte: „Ja, gehe zu meiner Familie und beschreibe meine Situation. Nichts anderes will ich." Der Kaufmann ging an den besagten Ort, sah die Papageien auf den Bäumen sitzen und sprach zu ihnen: „Ich bringe euch eine Botschaft: „Ein Mitglied eurer Familie lebt in meinem Haus. Er hat ein gutes Leben, Essen und sitzt in einem goldenen Käfig. Er lässt euch grüßen." Da begann einer der Papageien zu zittern, wurde steif und fiel tot vom Baum. Der Mann sagte zu sich: „Das war sicher ein Verwandter meines Papageis. Ich hätte nichts sagen sollen." Als er wieder zu Hause ankam, ging er zu dem Käfig des Papageis und sagte, dass er die Botschaft ausgerichtet hatte. Der Papagei fragte begierig, was sie geantwortet hätten.

Der Kaufmann entgegnete: „Als ich deine Botschaft überbracht hatte, fiel einer deiner Verwandten tot zu Boden." Sobald er dies gesagt hatte, fiel der Papagei auf den Boden des Käfigs und starb. Der Kaufmann wurde sehr traurig und öffnete den Käfig. Er nahm den Papagei vorsichtig in seine Hand, doch da flog der Papagei los und setzte sich auf eine hohe Mauer. Er bedankte sich beim Kaufmann und sagte: „Du selbst hast mir die Freiheit ermöglicht. Ich habe nur so getan, als ob ich tot wäre. Das ist die Botschaft, die mir meine Familie aus Indien mitgab. Als sie vernommen hatten, dass ich hier gefangen bin, haben sie mir einen praktischen Hinweis gegeben, was ich zu tun hätte, um frei zu kommen. Stirb, damit du lebst und deine Freiheit wiedererlangst!"

Offene Fragen:

Für was könnte diese Geschichte eine Metapher sein?

Die Idee des Papageis war sehr schlau – fällt dir noch eine andere Idee ein, um eine Botschaft zu übermitteln?

Der Mann liebt den Papagei. Warum hält er ihn in einem Käfig gefangen?

Wie wird das Leben des Papageis in Freiheit jetzt vielleicht aussehen?

Was ist wichtiger im Leben – Sicherheit oder Freiheit?

Pflanzenbild

| Aus gepressten Pflanzen ein Bild machen.

Material: Papier, Kleber, getrocknete Pflanzen

Lösungswege: Huhn

| Welche Lösungswege, um sich zu befreien, fallen euch bei diesem Bild ein? Warum kommt das Huhn nicht selbst auf die Idee?

Gordischer Knoten

| Die Gruppe steht im Kreis und fasst sich an den Händen. Ein Teilnehmer „verknotet" die Gruppe, d. h. er lässt sie die Plätze tauschen, ohne dass sie die Hände loslassen.
Dann darf ein Teilnehmer versuchen, die Knoten wieder zu lösen.

Die echte Blume

Erkennen, was echt ist

Die echte Blume
Erkennen, was echt ist

Einst bekam die Königin von Saba Besuch von dem berühmten Salomon, den sie gerne an Weisheit übertreffen wollte. Darum stellte sie ihm ein Rätsel.

In einem Raum ihres Palastes hatten Künstler ein Meer von künstlichen Blumen geschaffen, die wohlriechend durch eine künstliche Brise hin und her wogten.

Die Königin sprach: „Dies ist das Rätsel: Eine einzige Blume ist echt – kannst du sie erkennen?"

Salomon schaute sich aufmerksam um. Er konzentrierte sich, so gut es ging, aber er konnte die echte Blume nicht herausfinden. Durch seine Anstrengung begann er zu schwitzen und bat darum, dass ein Fenster geöffnet würde. Die Königin gab den Befehl und nun wehte ein frischer Wind durch den Raum.

Kurze Zeit später sagte Salomon: „Dies ist die echte Blume!" Er konnte sich nicht irren, denn durch das geöffnete Fenster war eine Biene hereingeflogen und hatte sich auf die einzige echte Blume gesetzt, um den Nektar zu trinken.

Offene Fragen:

Findest du das Rätsel der Königin schwer?

Hättest du noch eine andere Lösung gefunden?

Der Zufall hat Salomon geholfen – war es Glück oder Gelegenheit?

Für was könnte diese Geschichte symbolisch stehen?

Wie kann ich echt und falsch unterscheiden?

Die echte Blume

Schmetterlinge zeichnen

| Frei oder nach Vorlage Schmetterlinge ausmalen. Dabei kann die Frage bewegt werden: Was ist das typische eines Schmetterlings? Was macht einen echten Schmetterling aus?

Material: Papier, Stifte, Vorlagen

Spots in Movement

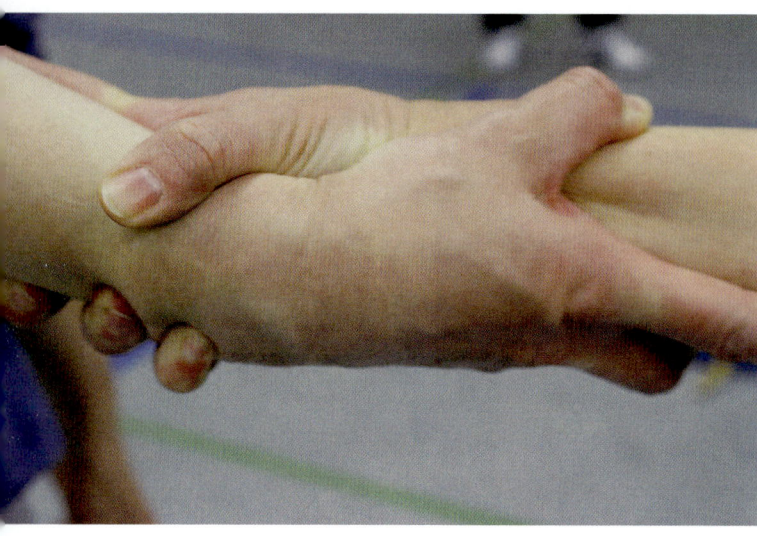

| Die Teilnehmer gehen zur Musik durch den Raum, bei Stopp: Aufgaben, z. B. möglichst viele Hände schütteln, alle Brillenträger gehen zusammen, allen Teilnehmern auf die Schulter klopfen etc.

Material: Musik

Vorstellungsrunde

| Es werden viele verschiedene Gegenstände auf den Tisch gelegt. Jeder darf sich etwas aussuchen und anhand dessen etwas über sich erzählen.

Material: diverse Gegenstände

Die drei Söhne

Echte Beziehungen

Die drei Söhne
Echte Beziehungen

Drei Frauen kommen an einen Brunnen, um Wasser zu schöpfen. Sie erzählen von ihren drei Söhnen.

„Meinen Sohn solltet ihr singen hören", sagt die erste, „das tönt so schön, als wenn eine Nachtigall singen würde."

Die zweite sagt: „Mein Sohn ist stark und schnell. Er schleudert einen Stein fast bis zu den Wolken und fängt ihn wieder auf."

Die dritte schweigt. Da fragen die anderen: "Und dein Sohn?" „Was soll ich erzählen", sagt sie, „mein Sohn ist ein junger Bursche wie andere auch."

Nun machen sich die drei Frauen auf den Heimweg. Die Sonne brennt, der Wassereimer wird schwer. Da kommen den drei Frauen deren drei Söhne entgegen. Der erste singt so schön wie eine Nachtigall, der zweite schleudert Steine in die Luft und fängt sie wieder. Der dritte aber läuft zu seiner Mutter und nimmt ihr den Eimer ab.

Ein alter Mann neben dem Brunnen hat alles mit angesehen. Eine der drei Frauen fragt ihn: „Nun, was sagst du zu unseren drei Söhnen?"

„Drei Söhne?", fragt der Alte. „Ich sehe nur einen!"

Offene Fragen:

Wie gefällt dir die Antwort des alten Mannes?

Bist du seiner Meinung?

Was macht für dich einen guten Sohn aus?

Wie zeigt sich eine gute Beziehung zu einem anderen Menschen?

Zeigst du einem Menschen auch, wie viel er dir bedeutet? Sprichst du es aus oder tust du etwas für ihn?

Korb aus Papierschnüren

| Aus Zeitungspapier Schnüre herstellen, Korb flechten, auf Wunsch verzieren.

Material: Papier

Objekte aus Treibholz

| Treibholz sammeln, mit Farbe verzieren.

Material: Treibholz, Farbe

Atome

| Die Gruppe geht zur Musik durch den Raum, bei Stopp ruft der Spielleiter eine Zahl, die Teilnehmer müssen sich der Anzahl nach zusammenfinden.

Material: Musik

Picasso

Wertschätzen von Talenten und Arbeit

Picasso

Wertschätzen von Talenten und Arbeit

Es war einmal eine Frau, die auf der Straße sah, wie ein Maler eine Skizze von einem Cafe machte.

Sie fragte ihn, ob er denn auch ein Porträt von ihr malen könnte. Picasso, denn er war der Maler, war so nett und malte ein Bild von der Frau, was ziemlich schnell ging.

Nachdem er fertig war, fragte die Frau, was sie ihm dafür bezahlen solle. Picasso antwortete, dass es 5000 Francs kostete.

Die Frau erschrak und entgegnete ihm, dass er doch nur drei Minuten gebraucht habe, um sie zu zeichnen.

Darauf antwortete Picasso: "Nein, um diese Skizze machen zu können, habe ich mein ganzes Leben gebraucht."

Offene Fragen:

Hat Picasso deiner Ansicht nach recht mit seiner Aussage?

Wer bestimmt, welcher Preis für eine Sache angemessen ist?

Denkst du, dass die Frau den Preis bezahlt hat?

Nach welchen Kriterien entscheidest du, was dir eine Sache wert ist?

Gibt es Dinge in deinem Leben, die unbezahlbar sind?

Zeichnen

| Freies Formenzeichnen.

Material: Papier, Stifte

Crossball

| Bälle aus Stoffresten nähen und mit Sand oder Reis füllen.

Gespielt wird nach den gleichen Regeln wie Boule, nur dass die Bälle auch auf Hindernissen wie Tische, Stühle, Äste, Treppen geworfen werden können, weil sie dort liegen bleiben.

Material: Stoff, Schere, Nähutensilien, Sand, Reis

Lieblingsspruch

| Einen Spruch in schöner Schrift auf eine Karte malen.

Material: Papier, Stifte

Zwiebeln

Habgier und Gerechtigkeit

Zwiebeln
Habgier und Gerechtigkeit

Einst lebte ein Mann, der Saul der Träumer genannt wurde. Er liebte es, umherzuziehen und Abenteuer zu erleben. Eines Tages berichtete ihm ein Wanderprediger von einem Land, in dem man keine Zwiebeln kannte. „Keine Zwiebeln", sagte Saul der Träumer. „Welchen Genuss haben sie von ihren Speisen ohne Zwiebeln? Ich gehe zu ihnen und zeige ihnen diese herrliche Nahrung." Ohne noch lange darüber nachzudenken, kaufte er eine Ladung Zwiebeln und machte sich mit Pferd und Wagen auf den Weg. Nach einer langen Reise kam er in dem Land an, von dem ihm der Prediger erzählt hatte, und er begab sich unverzüglich zum kaiserlichen Palast, wo er durch den Kaiser selbst empfangen wurde. „Kaiser, ich bringe euch ein neues Gewächs, das das einzigartige Vermögen besitzt, den Geschmack einer jeden Nahrung zu verstärken. Und auch die Pflanze selbst ist ein Genuss für Feinschmecker. Ich empfehle dir dringend, etwas davon zu probieren." „Das möchte ich gerne", sagte der Kaiser, „aber ich warne dich: Wenn dieses fremde Gewächs schädlich ist, verlierst du deinen Kopf."

Das Festessen, an dem die Zwiebeln serviert werden sollten, wurde ein großes Ereignis. Alle Minister, Edlen und hohen Beamten des Reiches waren eingeladen. Die Schüsseln wurden erst von Saul dem Träumer geprüft. Dann aßen die Diener, die anderen Gäste und zum Schluss aß der Kaiser selbst. Die Reaktionen von allen Anwesenden waren überschwänglich. Der Geruch und der Geschmack der Zwiebeln wurde von allen laut gepriesen. Der Fürst forderte sogleich Sauls ganze Ladung und bezahlte ihm dafür das Gewicht in Gold. Als Saul in seine Stadt zurückkam, wurde er von einem Komitee der wichtigsten Bürger festlich emp-

> **Offene Fragen:**
>
> *Wie findest du die Geschichte?*
>
> *Hat sich Kolbojnik über die Zwiebeln geärgert oder gefreut? Wie hättest du an seiner Stelle gehandelt?*
>
> *Für jeden Menschen ist etwas anderes wertvoll – kannst du Beispiele dafür nennen?*
>
> *Was sind die drei wertvollsten Dinge für dich im Leben? Teilst du sie mit anderen?*
>
> *Denkst du bei einer Belohnung daran, was für dich wertvoll ist oder für den anderen?*

fangen, die ihn zu seinem Erfolg beglückwünschten. Stundenlang erzählte Saul von der Pracht und Herrlichkeit, die er in dem Land gesehen hatte, in dem Gold weniger wert war als Zwiebeln. Angestachelt durch Sauls Erzählung kam ein anderer geschäftstüchtiger Mann, Kolbojnik genannt, auf eine Idee, die ihm sicher noch mehr Gewinn einbringen würde als Saul dem Träumer. Knoblauch! Dieser war nicht nur kostbarer, sondern auch noch viel schmackhafter und aromatischer. Warum sollte er nicht ein paar Säcke dieser Delikatesse in das ferne Land bringen? Wenn sie dort Zwiebeln mit Gold aufwiegen, konnte er wohl für Knoblauch Diamanten erwarten. Und so ging dieser Kolbojnik mit fünf Säcken Knoblauch auf die Reise. Genauso wie Saul gelang es ihm, im kaiserlichen Palast empfangen zu werden. Und wie erwartet wurde der Knoblauch noch mehr gepriesen als die Zwiebeln. Der Fürst beratschlagte sich lange mit seinen Ministern über die Belohnung für den edlen Gast. Gold war ihrer Meinung nach nicht wertvoll genug für eine solch wunderbare Speise, wovon selbst Gott und die Engel genießen würden. Sie beschlossen, ihn mit dem Kostbarsten zu belohnen, was sie hatten. Und so kehrte Kolbojnik mit fünf Säcken Zwiebeln nach Hause zurück.

Zwiebeln

Versteigerung

| Jeder Teilnehmer schreibt eine Aktivität anonym auf einen Zettel, die er für alle tun kann, z. B. Kaffee kochen, Blumen gießen, ein Lied singen, einen Witz erzählen etc.
Diese Aktivitäten werden symbolisch versteigert und dann auf Wunsch eingelöst.

Bild mit Kostbarkeiten

| In einem Rahmen kleine Dinge anordnen, die eine persönliche Bedeutung haben.

Material: Holzrahmen

Gemeinsam weben mit Seilen

| Die Teilnehmer können mit verschiedenen Seilen, Schüren oder Fäden einen gemeinsamen Teppich oder eine Decke weben.

Material: Seile, Schnüre, Fäden

Das Haus der Trauer

Selbstmitleid, Empathie

Das Haus der Trauer

Selbstmitleid, Empathie

Eine alte Geschichte erzählt von einer Frau, deren einziger Sohn gestorben war. Voller Trauer ging sie zu einem weisen Mann und sagte: „Ich bezahle welchen Preis auch immer, wenn du mir nur sagst, welche Gebete ich sprechen soll, sodass mein Sohn wieder ins Leben zurückkehrt."

Der Weise schaute einen Moment still auf die Frau, dann sagte er: „Wenn du ein Senfkorn finden kannst, das aus einem Haus stammt, das noch nie von Trauer erfüllt war, so kann ich dieses Senfkorn benutzen, um die Trauer aus deinem eigenen Leben zu vertreiben."

Sofort machte die Frau sich auf und begann, nach dem magischen Senfkorn zu suchen. Sie ging und ging, bis sie schließlich zu einem stattlichen Haus kam. „Die Leute, die hier wohnen, müssen es gut haben", dachte die Frau. Doch als sie ihr Anliegen dem Paar, das in dem Haus wohnte, erklärt hatte, antworteten diese, dass sie leider zum falschen Haus gekommen sei. Sie hatten vor kurzem ihre Tochter verloren und die Trauer um sie hatte sie völlig gelähmt.

„Mein Herz leidet mit ihnen", dachte die Frau. „Und wer sollte besser geeignet sein, ihnen zu helfen, als ich, die ich von der größten Trauer, die es geben kann, getroffen wurde."

Und so blieb die Frau einige Zeit bei ihnen, bis es Zeit für sie wurde, ihre Suche nach dem Senfkorn fortzusetzen.

Offene Fragen:

Wie findest du die Antwort des Weisen?

Wie kommt es zu der Sinnesänderung der Frau?

Hättest du das Gleiche getan?

Wie kann man Trauer am besten verarbeiten?

Ist es besser, in dieser Zeit alleine zu sein oder mit anderen Menschen?

Wie gehen andere Völker mit Trauer um?

Welche Rituale kennst du?

Doch wo immer sie auch suchte, in Schlössern oder in Hütten, sie konnte niemanden finden, der nicht aus irgendeinem Grund von Trauer betroffen war. Und nachdem sie selbst wusste, wie es war, zu trauern, blieb sie manchmal in den Häusern, um nach Möglichkeit den Schmerz der Bewohner ein wenig zu lindern.

Mit der Zeit verheilte ihre eigene Trauer, doch weiterhin half sie anderen. Und erst viele Jahre später bemerkte sie, dass die Suche nach dem magischen Senfkorn die Trauer aus ihrem eigenen Leben vertrieben hatte.

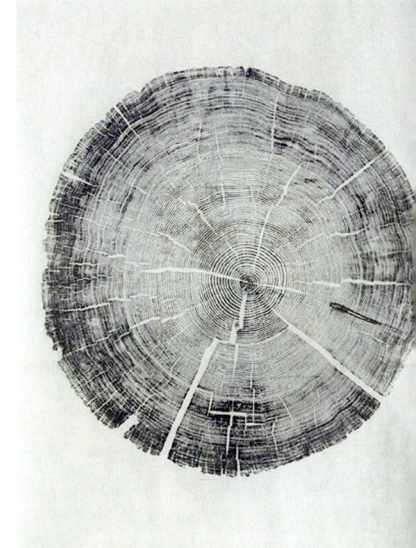

Jahresringe

| Die Oberfläche eines Baumstammes mit Farbe einpinseln, dann ein Papier darüberlegen und den Abdruck vorsichtig abziehen.

Material: Baumstamm, Farbe, Papier

Bohnen des Dankes

| Zwei Schalen stehen auf dem Tisch, eine mit Bohnen und eine leer. Jeder Teilnehmer erzählt, wofür er heute dankbar ist und legt als Zeichen dafür eine Bohne in die leere Schale.
Mit Achtsamkeit wahrnehmen, wie die „Schale des Dankes" sich füllt.

Material: zwei Schalen, getrocknete Bohnen

Adler der Erinnerung

| Für jedes schöne und schlechte Ereignis im Leben kann eine Feder des Adlers stehen.

Material: Papier, Schere, Kleber

Abschluss

Danke

*Ich danke allen, die meine Träume belächelt haben.
Sie haben meine Phantasie beflügelt.
Ich danke allen, die mich in ihr Schema pressen wollten.
Sie haben mich den Wert der Freiheit gelehrt.
Ich danke allen, die mich belogen haben.
Sie haben mir die Kraft der Wahrheit gezeigt.
Ich danke allen, die nicht an mich geglaubt haben.
Sie haben mir zugemutet, Berge zu versetzen.
Ich danke allen, die mich abgeschrieben haben.
Sie haben meinen Mut geweckt.
Ich danke allen, die mich verlassen haben.
Sie haben mir Raum gegeben für Neues.
Ich danke allen, die mich verraten und missbraucht haben.
Sie haben mich wachsam werden lassen.
Ich danke allen, die mich verletzt haben.
Sie haben mich gelehrt, im Schmerz zu wachsen.
Ich danke allen, die meinen Frieden gestört haben.
Sie haben mich stark gemacht, dafür einzutreten.
Ich danke allen, die mich verwirrt haben.
Sie haben mir meinen Standpunkt klar gemacht.
Vor allem danke ich all jenen, die mich lieben, so wie ich bin.
Sie geben mir Kraft zum Leben!
DANKE*

Quelle: Paulho Coelho

Abschluss

Ich hoffe, dass dieses Buch für Sie ein Begleiter wird und Sie in vielen Situationen Ihres Lebens darauf zurückgreifen können.

Für Fragen, Anregungen und Ergänzungen können Sie gerne mit uns Kontakt aufnehmen unter: *www.geschichten-netzwerk.de*

Über die Autorin

Gabriele Steinbach,*1964, Psychomotorikerin, Verlagsleiterin Geschichten-Netzwerk, drei Söhne, sieben Jahre Aufenthalt in Haarlem/NL, lebt seit 1993 in Heidelberg.

Links

www.geschichten-netzwerk.de, www.schlossfreudenberg.de
www.ziel-verlag.de, www.zist.de
www.akademie-heiligenfeld.de, www.allton.de

Quellenangaben

Seite 1, 3, 4, 5, 6, 13, 14, 17, 18, 21, 22, 26, 29, 30, 34, 38, 42, 45, 46, 49, 50, 54, 57, 58, 62, 65, 69, 70, 71, 73, 77, 78, 82, 85, 86, 90, 93, 94, 98, 101, 105, 114, 117, 118, 121, 122 unten, 125, 129, 130, 133, 134, 138, 141, 142, 143 © Pinterest.com (USA!)

Seite 7, 8, 9, 61, 81, 106, 126 © s.hofschläger_pixelio.de

Seite 22, 102, 138 © pixelio.de

Seite 74 © Elisabeth Patzal_pixelio.de

Seite 109 © Steffen Deubner_pixelio.de

Seite 89 © angieconscious_pixelio.de

Seite 37 © Timo Klostermeier_pixelio.de

Seite 50 © www.tiptopdruck.de_pixelio.de

Seite 113 © Lupo_pixelio.de

Seite 26 © PeterFranz_pixelio.de

Seite 53 © Andreas Hermsdorf_pixelio.de

Seite 42 © Essenia Deva_pixelio.de

Seite 66, 86,94,© freepik.com

Seite 142 © Evening_tao - Freepik.com

Seite 74 © shutterstock.com

Seite 25 © www.waldorfschullieder.de

Seite 122 © spielewiki.de

Seite 33 © www.allton.de

Seite 55, 90 © Privat

Seite 110 © www.kreistanz.de

Seite 114 Privat

Seite 122 oben © LARA schnups.eu